매력과 마력의 도시
로마 산책

매력과 마력의 도시
로마 산책

글과 사진 정태남

지중해 햇살 가득한 로마의 거리를 걸으며

유럽을 여행할 때 로마는 가장 나중에 보는 게 좋다고들 합니다. 로마를 보고나면 다른 도시들이 너무 싱거워지기 때문이지요. '영원의 도시', '역사의 도시', '예술의 도시', '종교의 도시', '유럽 도시의 어머니', '유럽 문화의 요람' 등 여러 가지 수식어가 따라다니는 로마는 한마디로 볼거리가 무궁무진하게 많은 도시입니다. 사실, 보면 볼수록 보고 싶은 것이 더 많아지고 알면 알수록 알고 싶은 것이 더 많아지는 곳이 바로 로마입니다. 나 역시 로마가 지닌 매력과 마력에 이끌리어 로마에 25년 이상 살고 있지만 솔직히 아직도 로마를 모두 안다고 말하기 주저하게 됩니다.

2800년이라는 장구한 역사가 중첩되어 있는 로마는 도시 전체가 '열린 박물관'이기 때문에 길가에 아무렇게나 버려진 듯한 돌덩어리 하나에도 깊은 이야기가 담겨 있지요. 뿐만 아니라 역사에서 거론되는 진귀한 유물이며 미술사에 등장하는 대예술가들의 작품 등, 역사와 예술의 현장이 곳곳에 숨쉬고 있습니다.

이 책은 한정된 일정으로 로마를 알차고 효율적으로 보려는 여행자를 우선적으로 고려하여 널리 잘 알려진 명소에 초점을 맞추었습니다. 이렇게 선별한 16곳은 테베레 강 너머에 있는 베드로 대성당과 거룩한 천사의 성을 제외하고는 모두 시내 중심에 위치하기 때문에 찬찬히 걸어서 모두 돌아볼 수 있을 것입니다. 다만, 이 책에서 언급하지 못한 박물관과 미술관 이야기는 언젠가 다른 기회를 통해 전하도록 하겠습니다.

이 책의 내용은 기존에 내가 펴낸 책들과 어쩔 수 없이 중복되는 부분도 있지만 로마의 모습만은 이 책을 준비하면서 모두 새롭게 촬영했습니다. 계절에 따라 또 시시각각으로 변하는 햇빛에 따라 로마는 그 인상을 바꾸면서 무엇인가 이야기를 하려는 것 같습니다. 그래서인지 같은 현장을 카메라에 담아도 언제나 다른 느낌을 받곤 합니다.

끝으로, 이 책은 로마 여행을 계획하는 사람들을 위해 쓰였지만 또한 로마를 이미 여행한 사람들을 위한 것이기도 합니다. 로마를 보고 나면 더 많은 것을 깊게 알고 싶은 목마름을 느낄 테니까요.

자, 그럼 이제 로마를 향하여 첫발을 내디뎌 봅시다. 지중해 햇살 가득한 로마의 거리를 걸으며 고대, 중세, 르네상스, 바로크 그리고 현대를 넘나드는 시간여행을 해 봅시다. 그러고는 트레비 분수에 동전을 한번 던져 봅시다. 다시 로마에 돌아오기를 기원하면서…….

2008년 6월, 로마에서

정태남

Viaggio culturale in Europa di arch. Tainam Jung _ ROMA, fascino e magia

Come abbiamo avuto modo di vedere già in occasione delle sue
precedenti pubblicazioni come ⟨Roma, la mia città amata⟩, ⟨In
memoria di Vivaldi a Venezia⟩, ⟨Quando crollerà il Colosseo⟩ e
⟨L'incontro con l'artista Nerone a Roma⟩, arch. Tainam Jung continua
a dimostrare il suo grande amore per Roma e l'approfondita
conoscenza di ogni aspetto storico, artistico e culturale di questa città
 Per l'originalità della trama e l'efficacia con tante bellissime e
suggestive immagini fotografiche dell'autore dei 16 itinerari sono
convinto che questo libro riuscirà a far sognare ai lettori coreani di
viaggiare verso la Città Eterna.
 A me non resta che augurarvi un 'Buon viaggio!'.

Massimo Andrea Leggeri
Ambasciatore d'Italia presso la Repubblica di Corea

정태남의 유럽문화기행 _ 매력과 마력의 도시 로마 산책

우리는 〈내가 사랑하는 도시 로마〉, 〈베네치아에서 비발디를 추억하며〉, 〈콜로세움이 무너지는 날이면〉, 〈로마에서 예술가 네로를 만나다〉 등을 이미 접한 바 있습니다. 로마에 대해 큰 애정을 갖고 있으며 역사 예술 문화 등 여러 관점에서 로마를 깊게 알고 있는 건축가 정태남은 저서를 통해 이러한 애정과 지식을 끊임없이 우리에게 전해주고 있습니다.

    로마의 16개의 명소를 다룬 이 책은 그 내용과 구성이 독특하며 저자가 직접 찍은 멋지고 의미 있는 사진들은 그 효과를 증대시킵니다. 그래서 이 책을 통해 한국의 독자 여러분들은 영원의 도시 로마로 향하는 여행을 꿈꾸게 될 것이라고 본인은 확신합니다.

    그럼 끝으로 좋은 여행이 되기를 여러분께 기원합니다.

맛시모 안드레아 레제리
주한 이탈리아 대사

차례

캄피돌리오 광장

_미켈란젤로가 디자인한 '세계의 머리'

세계의 머리, 캄피돌리오

미국의 의사당은 워싱턴 시가지가 내려다보이는 언덕 위에서 그 위용을 자랑한다. 미국에서는 이 의사당을 캐피틀Capitol이라고 부르고 의사당이 세워진 언덕을 캐피틀 힐Capitol Hill이라고 부르는데 사실 이 Capitol이란 말은 따지고 보면 로마에서 유래된 것이다. 바로 로마 한복판에 있는 캄피돌리오 언덕 말이다. 캄피돌리오Campidoglio는 이탈리아어식 이름이고 원래 라틴어식 이름은 카피톨리움Capitolium인데 영어권에서는 어미를 모두 떼어내고 Capitol이라고 표기한 것이다. 그렇다면 카피톨리움이란 이름은 또 어디에서 유래한 것일까?

먼저 고대 로마의 역사의 흐름을 간단히 살펴보자면, 기원전 753년에서 기원전 509년까지의 왕정 시대, 그로부터 기원전 27년까지의 공화정시대, 기원후 476년까지의 제정 시대와 같은 세 시대로 구분할 수 있겠다.

로마는 늑대의 젖을 먹고 자랐다고 전해지는 로물루스에 의하여 기원전 753년에 건국되었다. 그 후로 약 250년간 일곱 명의 왕이 다스리던

◀ 로마시청에서 내려다본 캄피돌리오 광장.

왕정 시대를 거쳐 기원전 509년, 왕이 아닌 임기 1년의 집정관 2명이 통치하는 공화정으로 바뀌었다. 하지만 기원전 1세기에 율리우스 카이사르가 권력을 독점하면서부터 공화정의 의미는 퇴색되었고 기원전 27년부터는 그의 후계자인 아우구스투스에 의한 제정이 시작되었다. 그 후 로마 제국은 4세기 후반에 서로마 제국과 동로마 제국으로 분리되었고 서로마 제국은 476년, 마침내 역사의 무대 뒤로 사라졌다.

　'카피톨리움'이란 말의 기원은 옛날 옛적 왕정시대, 제5대 왕이 통치하던 기원전 575년 경으로 거슬러 올라간다. 로마가 건국된 팔라티노 언덕 바

캄피돌리오 광장의 왼쪽건물 팔랏쪼 누오보의 회랑에서 본 고대 로마의 유적. 멀리 콜로세움을 배경으로 늑대상이 보인다. 늑대는 로마를 상징하는 동물이다.

로 북쪽에 맞닿아 있는 언덕은 로마의 일곱 언덕 중에서 가장 작지만 경사가 가팔라 천연의 요새로 적당했다. 왕은 이 언덕 위에 로마 최고의 신 유피테르에게 바치는 거대한 신전을 건립하기로 하고 기초공사를 위해

땅을 파도록 했다. 그런데 흙속에서 이상한 것이 보였는데 사람의 두개골이 아닌가? 일반적으로 해골이 나왔다면 보통 불길한 징조가 아닐 터, 이게 도대체 무슨 뜻일까 싶어 사제들의 얼굴은 몹시 상기되었다. 하지만 아무리 불길한 징조라고 해도 이를 받아들이는 사람의 마음가짐에 따라 길조가 될 수도 있다. 혹시 로마에 재앙이 닥치지는 않을까 안절부절 못하던 사제들과는 달리 왕은 오히려 기쁨의 미소를 지으면서 이 언덕이 앞으로 '세계의 머리'가 될 징조라고 거창하게 풀이했던 것이다.

그렇다면 이 두개골은 누구의 것이란 말인가? 어차피 주인 없는 두개골이라면 이왕이면 유명한 인물을 내세우는 것이 상책이리라. 왕은 까마득한 전설에 등장하는 영웅 아울루스의 유골이라고 말했고 이 언덕을 '아울루스의 머리'라는 뜻으로 '카푸트 올리Caput Oli'라고 명명했다. 아울루스Aulus의 소유격인 아울리Auli를 단순화한 것이 바로 올리Oli이니, '카푸트 올리'에다가 장소를 나타내는 접미사 −움um을 붙여 만들어진 이름이 바로 카피톨리움Capitolium이다. 참고로 이 말의 형용사형은 카피톨리누스Capitolinus이고 이탈리아식 표기는 카피톨리노Capitolino가 된다.

| '염소의 언덕'으로 전락하다

카피톨리움 즉 캄피돌리오 언덕은 유피테르 신전이 세워진 이래로 로마 군단 개선 행렬의 마지막 기착지가 되었다. 뿐만 아니라 뒤이어 다른 신전들이 집중적으로 세워지면서 로마에서 가장 신전이 많은 신성한 언덕이 되었다. 이름을 잘 지은 덕분인지는 모르지만 캄피돌리

캄피돌리오 광장으로 오르는 계단

오는 실제로 로마 역사에서 오랜 세월 동안 '카푸트 문디Caput mundi(세계의 머리)'로서의 역할을 톡톡히 했다. 그리고 보면 오늘날 대서양 건너 워싱턴의 언덕 위에 자리 잡고 있는 또 하나의 '세계의 머리' 캐피틀 Capitol 역시 마찬가지인 것 같다. 미국 초기의 위정자들이 대제국을 건설했던 로마인의 역사에 자신들의 거창한 미래를 꿰맞추며 지은 이름일 테니 말이다.

그런데 로마의 자존심이라고 할 수 있는 이 언덕이 한동안 '카피톨리움'이라는 유서 깊은 이름 대신 '몬테 카프리노Monte Caprino' 즉 염소의 언덕이라고 불렸다니! 로마 제국이 멸망한 후 급속히 폐허로 변한 이곳은 양떼를 먹이는 곳으로 전락했으며 중세 때까지만 해도 볼품없는 관청 몇 개 정도가 세워져 있었을 뿐이었다. 그러다가 로마 제국이 멸망한 지 1천년이 넘은 16세기에 들어서야 캄피돌리오는 과거의 영광을 조금이라도 되찾으려는 듯 완전히 새로운 모습으로 변하기 시작했다. 당시 로마에는 테베레 강 건너편 바티칸 지역에 웅대한 베드로 대성당이 세워지고 있었다. 대성당 건축에 온통 신경을 쏟고 있던 교황 파울루스 3세 (1534~1549)가 쓰레기처럼 버려져 있던 이 언덕에 새로운 의미를 부여하려고 미켈란젤로를 부른 것이다. 이리하여 캄피돌리오 언덕은 르네상스 최고의 거장에 의해 품위 있는 모습으로 다시 탄생하게 되었다.

로마를 구한 벌거벗은 형제

캄피돌리오 광장으로 들어가려면 코르도나타Cordonata라는 돌계단을 걸어 올라가야 한다. 전 세계에서 온 수많은 관광객들과 함께 나도 이 계단을 따라 언덕으로 오른다. 그런데 미국에서 단체로 온 학생들이 유별나게 떠들어 댄다. 고대 로마에서 가장 신성시되던 언덕, 그곳에 만들어진 미켈란젤로의 예술혼이 스민 계단과 광장을 두 발로 밟는 감격 때문일까? 아니면 이제 '세계의 머리'는 바로 미국이기 때문에 우쭐해서 그러는 것일까?

계단을 거의 다 올라왔을 무렵에 어디서 히히덕거리는 소리가 들리고 열 명쯤 되는 이탈리아 여학생들이 돌아가면서 서로 기념사진을 찍고 있다. 궁금해서 눈을 들어 올려다본다.

"아니, 세상에, 거시기 때문에!"

광장에 들어서는 입구 양쪽에 마치 캄피돌리오 언덕을 지키는 보초인 양 멋진 젊은이의 큼지막한 석상이 좌우에 우뚝 서 있는데 벌거벗은 채로 말에서 내려 있는 모습이다. 여학생들은 그 모습에 완전히 '매료'된 모양이다. 늠름한 좌우의 석상은 얼굴이나 몸집을 보아 쌍둥이임이 분명하다. 또 석상의 뒷면이 판판한 것을 보니 어느 건물의 벽면에 부착되어 있던 것을 떼어다 이곳에 옮겨 놓은 것 같다. 웃음소리를 뒤로 하고 광장을 바라보니 광장 한가운데에 마치 이 광장의 주인인 듯한 청동기마상이 세워져 있는데 이 남자, 곱슬머리에 수염이 무척 많다. 그런 한편 길게 늘어진 손이나 발을 보면 성격이 상당히 섬세한 사람인 것 같다는 인상도 준다. 말 탄 남자는 멀쩡한데 왜 두 젊은이만 옷을 홀딱 벗고 말에서 내려 있을까? 또 말 탄 털보의 정체는 무엇이기에 이 신성한 언덕의 광장 한가운데를 당당하게 호령하고 있는 것일까?

예술 양식으로 보건데, 쌍둥이 형제와 말 탄 남자의 조상彫像은 까마득한 고대 로마 시대의 것이다. 미켈란젤로가 이 광장을 디자인했다고 해서 언덕 입구의 쌍둥이 청년 석상이나 광장 한가운데의 청동 기마상까지 그의 작품으로 착각하면 곤란하다. 그럼 석상과 청동기마상의 주인공은 누구일까? 이야기는 다시 까마득한 옛날로 거슬러 올라간다.

강력한 왕이 통치하던 왕정시대의 로마는 주변의 부족들을 누르면

약세였던 로마군을 도와 승리로 이끈 쌍둥이 형제 디오스쿠리의 석상

서 무섭게 세력을 팽창했다. 그러나 왕정이 무너지고 공화정이 시작되면서 국력은 예전 같지 않았다. 공화정이 시작된 지 10년쯤 되었을 때 로마 주변에 살던 라틴 부족들이 이때다 하고 뭉쳐 한때 자기네들을 괴롭히던 로마를 혼내주려고 싸움을 걸어왔다. 이리하여 로마 외곽 레길루스 호수에서 접전이 벌어졌다. 한때 승승장구하던 로마군은 이번에는

적을 제압하지 못하고 오히려 뒤로 밀리면서 힘겹게 싸우고 있었다. 이때였다. 어디선가 백마를 탄 쌍둥이 형제가 눈부신 빛을 발하면서 불현듯 나타나더니 번쩍거리는 창을 휘두르며 적진으로 뛰어든 것이다. 순식간에 적진은 온통 아수라장이 되고 말았다.

한편 전투가 끝나자마자 팔라티노 언덕 아래에서 신비스런 모습을 한 쌍둥이 청년이 말에게 물을 먹이고 있다. 그 모습을 본 로마 사람들은 그들에게 다가가 혹시 전투 소식을 아느냐고 물었다. 그러자 그들은 로마군이 승리했다는 말만 남기고는 연기처럼 홀연히 사라져 버렸다. 사람들은 도대체 이들이 누구인지 궁금했다. 사람인 것 같기도 하고 아닌 것 같기도 했으니 말이다. 그러다가 결국 이들이 로마 최고의 신 유피테르의 쌍둥이 아들 디오스쿠리 형제일 것이라는 데에 의견이 모아졌다. 디오스쿠리는 인간에게 매우 친근하여서 인간이 위기에 처할 때마다 불현듯 나타나 구원했기 때문이다. 고대 로마인들은 디오스쿠리를 '카스토르와 폴룩스'라고도 불렀다. 쌍둥이 형제의 환상이 나타난 날, 독재관 알비누스는 이들에게 신전을 지어 바칠 것을 맹세했고 그 후 15년이 지난 기원전 484년 포로 로마노 안에 커다란 신전이 세워졌다.

캄피돌리오 언덕의 '보초'들은 바로 로마군을 승리로 이끈 쌍둥이 청년이다. 그런데 옛날 사람들이 나체로 돌아다닌 것도 아닐 텐데 디오스쿠리 형제는 왜 옷을 홀랑 벗고 있을까? 당대의 사람들은 사람의 몸을 우주에서 가장 아름다운 것이라 여겼다. 더욱이 신이야말로 가장 아름다운 인체를 지니고 있다고 생각해 나체의 모습을 조각했던 것이다. 그리고 보면 인간 원래의 모습을 찾으려 한 르네상스가 도래했을 때 예술가들이 아름다운 인체를 가진 고대의 조각에 완전히 매료되고 말았던 것은 어쩌면 당연한 일이다.

광장의 주인, 마르쿠스 아우렐리우스

광장 한가운데에 자리 잡고 있는 털보 아저씨는 나체가 아니라 옷을 입은 걸 봐서 신은 아닌 모양이다. 옷도 그냥 평복이다. 하지만 그 표정이 어쩌면 저리도 부처님처럼 거룩할까? 마치 명상에 잠긴 듯 들어 올린 오른손이 세상을 평정하는 것 같다. 그런데 자세히 살펴보면 뭔가 허전한데 뭐가 부족하기 때문일까? 그러고 보니 양쪽 발이 허공에 떠 있다. 발을 받쳐 주는 등자가 없고 엉덩이를 받쳐주는 안장조차 없다. 아니, 기마자세를 유연하게 하는 등자 없이 말을 제대로 탈 수나 있을까? 사실 유럽에서는 5세기에 아틸라가 이끄는 훈족의 기병들이 유럽을 온통 공포의 도가니로 몰아넣기 전까지만 해도 등자가 뭔지 몰랐다고 한다. 그렇다면 기마상의 남자는 4세기 이전의 인물인 셈이다.

기마상의 받침대는 포로 로마노에 세워져 있던 디오스쿠리 신전에서 뜯어온 돌로 미켈란젤로가 제작했는데 받침대 왼쪽 옆구리에 기록된, '하드리아누스의 아들이며 트라야누스의 손자이며……' 로 시작되는 라틴어 문장을 읽어보면 세 번째 줄 한가운데에 'M. AVRELIVS' 라는 글씨가 보인다. 옛날에는 U가 없었기 때문에 모두 V로 표기했던 것이다. 그러니까 기마상의 장본인은 마르쿠스 아우렐리우스Marcus Aurelius 황제이다.

마르쿠스 아우렐리우스라면 네르바, 트라야누스, 하드리아누스, 안토니누스 피우스에 이어 로마 제국 최고의 번영을 구가하던 5현제賢帝시대의 마지막 황제가 아닌가? 게다가 그는 스토아학파의 철학자로서 더욱 잘 알려져 있으며 그가 전장에서 틈틈이 그리스어로 쓴 『명상록』은 오늘날까지 전해져 내려오고 있다. 당시 로마 사회 최고의 도덕적 가치 기준을 기록했기에 그 중요성은 이루 말할 수 없을 정도이다. 그래서인지 그의 얼굴은 고대 그리스 철학자처럼 수염으로 잔뜩 덮여 있다.

그런데 로마 제국의 청동상이 어쩌면 이렇게 흠집 하나 없을까? 그야 세월의 때가 묻지 않은 복사본이기 때문이다. 80년대 초반까지만 해도 원본이 서 있었지만 대기 오염에 의한 부식을 막기 위해 캄피돌리오 박물관 안으로 옮겨졌다. 유일하게 남아있는 로마 제국 황제의 기마상이니 소중히 다룰 수밖에. 원본을 실내에 보존하고 원본이 있던 자리에 복사본을 만들어 놓는 것은 이탈리아 사람들이 유물을 보존하는 방법 중 하나이다.

지금으로선 말도 안 되는 이야기지만, 중세와 르네상스 시대의 사람들은 로마 황제의 기마상들을 다른 용도로 쓰려고 죄다 용광로에 던져 넣었다고 한다. 마르쿠스 아우렐리우스 황제 기마상만이 이 '대학살' 속에서 기적적으로 살아남은 셈이다. 사실 이 기마상은 로마 시가지 남쪽에 있는 라테라노 지역의 산 죠반니 성당 앞에 세워져 있었다. 옛날 사람들은 이 기마상을 기독교를 공인한 콘스탄티누스 황제의 것이라고 착각하여 캄피돌리오 언덕으로 옮겨와 신주 모시듯 소중히 다루었다. 그러니까 이 기마상이 로마의 가장 신성한 언덕 한가운데를 차지한 것

▶ 마르쿠스 아우렐리우스 황제의 기마상. 계단 아래에 테베레 강 신의 의인화된 모습이 보인다.

은 순전히 착오 때문이었던 것이다.

그런데 기독교의 관점에서 보면 마르쿠스 아우렐리우스는 아주 괘씸한 황제일 수도 있다. 자기의 철학에 비해 유치하다며 기독교를 경멸했고 갈리아의 수도 리옹에서 기독교 신자들이 무자비하게 학살당하는 것을 방관했으니 말이다. 만약 옛날 로마 사람들이 기마상의 장본인이 누구인지 알았더라면 마르쿠스 아우렐리우스 역시 용광로 행을 면치 못했을 것이다. 어쨌든 엄청난 착오 덕분에 그 많던 로마 황제의 기마상 중에서 단한 개라도 보존되고 있으니 후세를 위해서는 천만다행인 셈이다.

이 기마상은 원래 금박으로 입혀져 있었는데 세월이 지나면서 많이 닳아 없어졌다. 항간에는 금박이 모두 없어지면 세상이 멸망할 것이라는 미신이 나돌기도 했다.

미켈란젤로의 손길

캄피돌리오 광장은 완벽한 균형을 이루는 세 개의 건물에 둘러싸여 있다. 좌우의 쌍둥이 건물은 캄피돌리오 박물관 및 미술관Musei Capitolini으로 사용되고 있으며, 오른쪽의 팔랏쪼 콘세르바토리Palazzo Conservatori는 유피테르 신전 터 위에 세워진 것이고 가운데에 우뚝 서 있는 팔랏쪼 세나토리오Palazzo Senatorio는 고대 로마의 국가 문서 보관 관청이던 타불라리움의 폐허 위에 세워져 현재는 로마 시청으로 사용되고 있다. 이 세 건물이 이루는 공간 안에 감싸인 광장은 보면 볼수록 단순한 광장이 아니라 하나의 뛰어난 예술 작품인 것 같다. 광장으로 향하는

◀ 콘스탄티우스 2세의 거대한 청동 손 너머로 보이는 마르쿠스 아우렐리우스 황제 기마상 원본

완벽한 균형을 이루는 세 개의 건물로 둘러싸인 캄피돌리오 광장의 공간, 자세히 관찰하면 좌우의 쌍둥이 건물은 평행이 아니라 안쪽으로 서로 비스듬히 벌어져 있다.

계단, 광장을 둘러싼 세 건물의 형태, 건물의 외벽 기둥, 곳곳의 높고 낮은 계단들, 광장의 바닥 포장 패턴 등 광장을 이루는 건축적 요소들이 전체적으로 통일감을 주면서도 조각적으로 구성되어 있다. 좀 더 자세히 관찰하면 좌우의 쌍둥이 건물 즉 팔랏쪼 누오보와 팔랏쪼 콘세르바토리는 평행이 아니라 안쪽으로 서로 비스듬히 벌어져 있다. 건물들의 이 같은 배치로 인해 광장은 묘한 투시 효과를 자아내면서 감싸는 듯 포근한 느낌까지 준다. 이런 공간감은 그림이나 카메라로는 도저히 담아

낼 수 없으리라.

또 캄피돌리오 광장으로 향하는 돌계단 코르도나타Cordonata는 경사로와 계단이 합성된 형태라 매우 완만하다. 언덕을 오르는 것도 그리 힘들지 않게 느껴진다. 사실 미켈란젤로가 이처럼 디자인한 데에는 그럴만 한 이유가 있다. 신성 로마 제국의 황제인 카를 5세의 방문에 대비해 말을 타고도 쉽게 오를 수 있는 계단을 만든 것이다. 실제로 이 정도의 완만한 경사의 계단이라면 말뿐만 아니라 자동차로도 어렵지 않게 정상까지 오를 수 있을 것 같다. 그런데 원래의 계획대로 황제

고대 로마 조각 작품들이 전시된 캄피돌리오 박물관의 창문. 캄피돌리오 박물관은 세계 최초로 일반인에게 개방된 박물관이다.

가 말을 타고 이 계단을 밟아 신성한 언덕에 멋지게 올랐으면 좋았겠지만, 그가 로마에 왔을 때 계단은 아직 미완성 상태였다. 그리고 보면 이탈리아 사람들이 공사 기일을 제대로 안 지키는 것은 예나 지금이나 크게 달라진 게 없는 것 같다. 아쉽게도 황제는 이 계단을 구경도 못해보고 언덕 뒤로 빙 돌아 포장도 제대로 안 된 질편한 비탈길을 따라 언덕에 올라야 했다.

미켈란젤로가 설계한 캄피돌리오 광장.
건물의 형태, 외벽의 기둥, 높고 낮은 계단들, 광장 바닥의 포장 패턴 등이
전체적으로 통일감을 주면서도 조각적으로 구성되어 있다.

세계를 상징하는 구를 왼손에 든 로마 여신상

미켈란젤로 역시 마찬가지였다. 자신이 디자인한 코르토나타 돌계단을 밟아 보지 못했을 뿐더러 광장이 완성되는 것도 보지 못했다. 그가 광장 설계를 시작한 것은 1536년이었지만 공사가 시작된 것은 그로부터 10년이나 지난 후였고, 그나마도 재정난으로 인해 공사는 한없이 늦어지곤 했다. 그는 겨우 팔랏쪼 세나토리오Palazzo Senatorio 앞 양쪽 계단이 세워지는 것만 보고 1564년에 세상을 떠나고 말았던 것이다. 이리하여 건축가 델라 포르타에 의해 광장이 완성된 것은 1605년, 그러니까 미켈란젤로가 죽은 지 자그마치 40년 이상 지난 후였다.

캄피돌리오 광장은 로마의 나보나 광장, 베네치아의 산 마르코 광장, 시에나의 캄포 광장 등과 함께 이탈리아에서 가장 훌륭한 광장으로 손꼽힌다. 단 한 가지 큰 차이점이 있다면 다른 광장들은 오랜 세월을 두고 형성되었지만, 캄피돌리오 광장만은 미켈란젤로 혼자서 모든 건축적 요소들을 디자인했다는 것이다.

그렇다면 이 광장에서 '세계의 머리'는 어떻게 표현되어 있을까? 먼저 광장 바닥의 패턴을 보자. 마르쿠스 아우렐리우스 황제 기마상을 중심으로 뻗어나가는 패턴은 세상을 향하여 전방향으로 퍼지는 빛을 연상케 하며 우주를 상징하는 커다란 타원형 틀 안에 담겨 있다. 또 기마상 뒤에 보이는 분수를 보면, 의인화된 나일 강의 신과 테베레 강의 신 사이 한가운데에 구球를 왼손에 들고 있는 로마 여신상이 있어 역시 이곳이 '세계의 머리'임을 암시한다. 염주처럼 생긴 이 구球는 곧 '세계'를 상징하므로 로마가 세계를 손에 쥐고 있다는 메시지이다. 물론 이제는 먼 옛날의 일이지만 말이다.

팔라티노

_로마가 태어난 언덕

로물루스와 레무스의 역사적 내기

'궁전'을 영어로 palace라고 한다. 또 독일어로는 Palast, 프랑스어로는 palais, 스페인어로는 palacio, 이탈리아어로는 palazzo 등 그 표현이 모두 비슷한데 이 역시 로마에서 유래되었다. 더 정확히 말하자면 로마라는 나라가 태어난 아주 유서 깊은 곳, 캄피돌리오 언덕 남쪽에 있는 팔라티노 언덕에서 온 것이다.

이야기는 다시 까마득한 옛날로 거슬러 올라간다. 늑대 젖을 먹고 자랐다는 쌍둥이 형제 로물루스와 레무스는 이윽고 테베레 강변 언덕 위에 나라를 세우기로 했다. 당시 테베레 강변에 있는 두 개의 언덕이 도읍지 후보로 떠올랐다. 이 두 언덕은 강과 가까워서 바다에서 내륙으로 들어오는 다른 나라 사람들과 교역하기 편했으며 높지는 않아도 언덕이라 외적으로부터 방어하기가 좋았다. 뿐만 아니라 언덕 위에는 평지가 어느 정도 있어서 두 언덕 모두 그런대로 쓸 만했다. 이 두 언덕의 이름은 팔라티노Palatino와 아벤티노Aventino이다. 그런데 문제가 생겼다.

◀ 로마 건국의 전설을 간직한 팔라티노 언덕

로물루스는 팔라티노 언덕을, 레무스는 아벤티노 언덕을 도읍지로 정하자고 강력하게 주장한 것이었다. 좀처럼 의견이 좁혀지지 않자 형제는 신관이 보는 앞에서 내기를 해 그 결과에 승복하기로 했는데 내용인즉슨 각자 선택한 언덕에 올라 정해진 시간 안에 새를 더 많이 발견한 자가 도읍을 정하도록 하자는 것이었다. 이리하여 '역사적인 내기'가 시작되었다. 어찌 보면 서양 역사를 결정한 너무나도 중요한 순간이었다고나 할까.

드디어 운명의 시간이 왔다. 아벤티노 언덕에서 눈을 부릅뜨고 하늘을 지켜보던 동생 레무스는 여섯 마리의 새가 무리지어 날아가는 것을 보았다. 이 정도면 자신이 이긴 것이 아닐까 미소 지었다. 반면에 형 로물루스는 팔라티노 언덕에서 사방팔방 고개를 돌리며 하늘을 열심히 지켜봤지만 파리 한 마리 보이지 않았다. 로물루스가 '졌구나⋯⋯.' 하고 고개를 떨굴 무렵, 갑자기 이게 웬 일인가? 새들이 푸드득거리며 그의 머리 위로 날아오는 것이 아닌가. 세어보니까 자그마치 열두 마리였다. 이리하여 로물루스는 12 대 6이라는 엄청난 차이로 레무스를 이기고 팔라티노 언덕에 도읍을 정한다고 공표했다.

그런데 왜 하필 '새'를 보는 내기를 했을까? 단순히 운에 맡길 거라면 가위바위보나 묵찌빠로 정했으면 땡볕에서 고생할 일도 없이 훨씬 간단하고 쉬웠을 텐데 말이다. 사실 새를 보는 의식은 에트루리아에서 전해진 까다롭고 복잡한 도시 건설 의식 중 하나였다. 새는 하늘의 뜻을 전한다고 여겨졌으니, 새를 더 많이 보았다는 것은 유피테르신의 뜻이 그만큼 더 강했다는 뜻이다.

로물루스가 로마를 건국했던 팔라티노 언덕 위의 평지. 뒤에 콜로세움이 보인다.

　　고대인들의 도시 건설 의식을 보면 대부분 주술적이기는 하지만 과학적인 근거도 있다. 먼저 신관은 신의 뜻이 어디에 있는지 알기 위해 동서남북이 막히지 않고 훤히 보이는 높은 곳에 올라가서 하늘을 관찰한 다음 새가 날아가는 방향을 보고 신의 뜻이 있다고 생각되면 일정 기간 양을 방목했다. 그리고 나서 제물로 바치려고 잡은 양의 간 상태를 보고, '기氣'가 있는 땅인지를 판단했다. 간의 상태가 좋다는 것은 그곳의 초목이 좋다는 뜻이고 초목이 좋다는 것은 바로 그 주변 환경이 좋다는 뜻이 아니겠는가?

로물루스도 전통적인 도시 건설 의식에 따라 양의 간을 보는 의식을 마친 후 도시를 짓기 시작했다. 그는 팔라티노 언덕 주변에 소가 끄는 쟁기로 직선 고랑을 파고 성곽을 쌓았다. 즉 성곽 안쪽은 함부로 드나들 수 없는 성역聖域이라는 얘기다. 그런데 동생 레무스는 내기에서 져서 못내 배가 아팠던지 성역이고 뭐고 로물루스가 쌓은 성벽을 발로 걷어차고 경계선을 넘었다. 그러자 로물루스는 발끈해 신성한 구역을 침입한 동생을 그 자리에서 삽으로 쳐 죽이고 말았다. 성경에서 카인이 동생 아벨을 죽이고 인류의 역사를 열었던 것처럼 로마의 역사 또한 형제간의 살인과 함께 시작되었던 셈이다.

어쨌든 쟁기로 그어 확정된 영역의 경계선을 포메리움pomerium이라고 불렀는데 이것은 단순히 정치적·군사적 경계만을 의미했던 것은 아니다. 포메리움 안쪽은 성역이기 때문에 부정 타는 일은 당연히 금지되었다. 그 가운데 가장 철저히 금지된 것은 사람의 시신을 매장하는 일이었다. 죽은 영혼이 사람이 사는 곳 가까이에 있는 것을 불길하게 생각했기 때문이기도 하겠지만, 실제로는 위생 문제 때문이 아니었을까? 이러한 포메리움의 개념은 로마 제국이 멸망할 때까지 그대로 이어졌다. 즉, 로마 시내에서는 트라야누스 황제와 같이 특별한 경우를 제외하고는 어느 누구도 묏자리를 가질 수 없었다.

로마의 기원

로물루스는 팔라티노 언덕에서 양치기들의 수호 여신 팔레스Pales의 축제가 열리는 4월 21일에 나라를 세우고 자기 이름을 따서 로마Roma로 나라 이름을 정했다. 그러니까 예수 그리스도가 이 세상에 오기 753년 전의 일이었다. 참고로 로마라는 지명은 에트루리아어로 '가슴이 강한 자'라는 뜻의 루마ruma에서 왔다는 얘기도 있으며 '테베레 강'을 의미하는 에트루리아어 루몬rumon에서 유래되었다는 설도 있다.

로마를 건국한 로물루스의 전설은 순전히 후세에 만들어진 허구의 것일까? 옛날 사람들이 현재의 우리보다 고대의 사실에 대해 잘 알고 있었다는 점을 고려할 때 전설이라고 해서 무조건 허무맹랑한 소리로만 여길 수는 없을 것이다. 20세기 중반 팔라티노 언덕에서는 기원전 9세기에서 7세기 사이의 것으로 추정되는 철기시대의 유적이 세 군데나 발굴되었다. 움막집을 떠받치고 있던, 돌로 만든 기초는 그 크기가 각각 4×2.5미터 정도가 된다. 그리고 그 주변에는 로마 건국 전설에서 언급된 고랑과 성곽의 흔적도 발견되었다. 과학적으로 정밀하게 분석한 결과에 의하면 기원전 8세기 중반 경에 이곳에 조그만 마을이 있었을 것이라고 하는데, 이 역시 로마의 건국 연대인 기원전 753년과 거의 일치한다. 물론 이 마을에 '로물루스'라는 사람이 살았고, 또 이곳이 '로마'로 불렸다는 증거는 아직 없다. 그렇지만 당시 팔라티노 언덕 근처의 여러 마을 가운데 하나였던 이곳을 중심으로 로마가 생성되고 발전한 것은 틀림없는 사실이다. 사람들은 팔라티노 언덕의 움막터를 로물루스의 집Casa di Romolo이라고 부르고 있다. 그 말 속에는 로물루스가 전설의 인물이 아닌

고대 로마의 중심지 포로 로마노에서 본 팔라티노 언덕의 모습

실재의 인물로 판명되기를 바라는 마음도 은근히 담겨 있는 것 같다.

초대 황제 아우구스투스의 소박한 삶

'로물루스의 집'은 왕이 사는 궁궐이라 하기에는 너무나 소박한 움막이었다. 세월의 흐름 속에서 이 움막이 얼마나 오래 버티고 서있었는지는 모르지만 다행히도 이 움막을 지탱하고 있던 집터만큼은 상당히 오랜 세월 동안 보존되어 있었던 모양이다. 로마 역사에서 누구보다도 이를 애지중지했던 인물은 바로 로마 제국 초대 황제 아우구스투스였는 데 그는 자신의 '주민 등록'을 팔라티노 언덕으로 옮기기까지 했다. 원래 이렇다 할 건물이 없던 팔라티노 언덕에 기원전 2세기 경부터 유명인사들의 저택이 하나 둘 세워지기 시작해 로마 제국이 멸망할 때까지 살기 편한 고급 주택지로 손꼽힌 것이다. 팔라티노 언덕이 주택지로 각광 받게 된 것은 우선 고대 로마 세계의 중심인 포로 로마노가 바로 언덕 동쪽 아래에 있고 대경기장 치르코 맛시모가 서쪽에 내려다보였으며 언덕 아래에서 오는 소음이 잘 들리지 않았고 뜨거운 여름에도 시원했

'로물루스의 집'으로 불리는 유적

로마 제국 초대 황제 아우구스투스가 살던 집의 유적. 당시 귀족들의 저택에서 흔히 볼 수 있던 값비싼 대리석이나 모자이크와 같은 장식은 전혀 찾아볼 수 없는 검소한 주택이다.

기 때문이었다.

아우구스투스는 변호사 호르텐시우스의 집을 구입하여 적당히 증축해 살았다고 한다. 그의 집에는 당시 귀족들의 저택에서 흔히 볼 수 있던 값비싼 대리석이나 모자이크 등과 같은 장식이라곤 전혀 찾아볼 수 없었다니 호화 주택은 아니었던 모양이다. 사실 그는 로마 제국의 황제 치고는 무척이나 검소했다. 그는 40년 동안 한 방만 썼으며 침대와 이불도 서민들의 것과 다를 바 없었다. 뿐만 아니라 그의 옷은 황비 리비아나 누나인 옥타비아 또는 딸 율리아가 손수 짠 천으로 만들었다고 한다. 또 기분전환을 하고 싶을 때는 잘 아는 해방 노예의 집이나, 당시의 '외무부 장관'이라고 할 수 있는 마이케나스의 집을 찾아 며칠 묵곤했다. 로마 교외의 벨레트리라는 작은 도시에서 태어난 아우구스투스. 그가 어린 시절을 보낸 방 역시 창고라고 불릴 정도로 좁고 허름했다고 하니 어린 시절부터 이처럼 검소한 생활이 몸에 배어 있었던 모양이다.

이런 아우구스투스가 굳이 팔라티노 언덕에 자리를 잡고 산 데에는 나름대로 이유가 있었다. 원로원으로부터 '아우구스투스'라는 칭호를 받기 전, 그는 정적 안토니우스를 제압한 후 팔라티노 언덕에 아폴로 신전을 세웠다. 새 집은 내부 통로로 이 신전과도 연결되었으며 로물루스의 집으로 전해지던 움막 집터에서 불과 10미터 정도 거리에 있었다. 즉, 아우구스투스는 팔라티노 언덕에 거처를 정함으로써 자신이 로물루스를 계승한 로마의 재창건자임을 상징할 수 있었던 것이다. 뿐만 아니라 시와 음악의 신 아폴로를 수호신으로 삼아 로마에서 내란이 종식되고 진정한 평화가 도래했음을 만방에 전할 수 있다고 생각했기 때문이다.

로마 제국 역사상 최대의 궁전

아우구스투스를 이은 티베리우스 황제는 아우구스투스의 집 바로 옆에 도무스 티베리나라는 궁전을 지었다. 이리하여 팔라티노 언덕은 점차 거대하고 화려한 궁전 지역으로 변모했다. 그러다가 1세기 후반에 로마 제국 역사상 가장 규모가 큰 궁전이 세워졌다. 81년 티투스가 죽은 후 즉위한 도미티아누스 황제는 역대 어느 황제보다도 건설 욕망

팔라티노 언덕 위의 궁전 유적(왼쪽)과 치르코 맛시모(오른쪽)의 유적. 멀리 보이는 흰 건물은 유엔 세계 식량 기구(FAO) 본부이다.

이 컸던 인물이었다. 그는 아버지 베스파시아누스와 형 티투스가 물려
준 튼튼한 국가 재정을 바탕으로 공공 건설 사업에 적극적으로 손을 댔
다. 그는 콜로세움을 완성했으며 팔라티노 언덕에 로마 제국의 위용에
걸맞은 거대한 궁전을 세운 장본인이다. 그는 당대 최고의 건축가 라비
리우스Rabirius를 불러 공사를 맡겼고, 10년 이상의 공사 끝에 서기 92년
이 거대한 건축물을 완성했다.

　　새 궁전은 그리 넓지 않은 평지 위에 황실의 모든 기능을 갖추기 위
해 다양한 공간들이 하나의 틀 속에, 마치 잘 계획된 도시처럼 수직 및
수평으로 짜여졌다. 기능적으로는 집무 및 공공행사를 수행하는 도무스
플라비아Domus Flavia와 황제의 관저인 도무스 아우구스타나Domus Augustana
로 구분되어 있었는데, 이 두 공간은 시야가 열리는 방향이 각각 달랐
다. 즉 도무스 플라비아가 동쪽 포로 로마노 쪽으로 향해 있었던 반면
도무스 아우구스타나는 서쪽 치르코 맛시모 쪽으로 향해 있었던 것이다.

　　도미티아누스 황제는 궁전을 완성한 후 바로 옆에 경기장을 본뜬
길쭉한 옥외 공간을 하나 덧붙였다. 그 모양이 경기장 같아서 일반적으
로 스타디움stadium이라 불리지만 아직 확실히 알려져 있지는 않다. 길
이는 1스타디움에 가까운 184미터이고 폭은 50미터 정도이다. 여기서
스타디움이란 그리스의 길이 단위 '스타디온'을 가리키는데, 약 185미
터쯤 되는 길이이다. 어쩌면 스타디움은 내성적이고 고독을 즐기는 성
격에 예술을 사랑했던 도미티아누스 황제가 예술 작품을 진열해 놓고
조용히 산책하던, 일종의 비밀의 정원이었을 가능성도 있다.

　　이 궁전은 팔라티노 언덕 위에 세워진 기존의 궁전들과는 비교가

로마 제국 최대의 궁전 모형(로마문명박물관).
이 궁전은 마치 잘 계획된 도시처럼 용도가 다른 여러 공간들이 하나의 틀 속에 짜임새 있게 설계되었다.

1. 도무스 플라비아 (도미티아누스 황제의 집무 공간)
2. 도무스 아우구스타나 (도미티아누스 황제의 관저)
3. 스타디움 (경기장처럼 생겼지만 정원이었을 가능성이 있다.)
4. 3세기 초 셉티미우스 세베루스 황제에 의해 증축된 부분
5. 아폴로 신전
6. 대경기장 키르쿠스 막시무스 (치르코 맛시모)
7. 수도교

도미티아누스 황제가 집무 및 공공행사를 수행하던 도무스 플라비아의 중정 터. 황제는 벽면을 모두 반들거리는 대리석으로 치장하여 누군가 뒤에서 칼을 뽑아도 알아챌 수 있도록 했다.

안 될 정도로 웅장하고 화려했기 때문에 로마 시민들은 '신들이 거주할 궁전'이라고까지 했다. 또 언덕 위에 세워진 궁전이었으니 아래에서 올려다보면 더욱 웅장하고 위엄 있게 보였을 것이다. 당시 로마에서 활동하던 히스파니아(스페인) 출신 시인 마르티알리스Martialis의 표현에 의하면 마치 로마의 일곱 언덕을 모두 모아 놓은 것 같았다고 한다. 그러나 이 웅장한 궁전에서 도미티아누스 황제는 제 명대로 살지 못하고 갔다. 초기에는 효율적인 행정과 도덕 정치를 강조하는 등 선정善政을 펼치던

▶ 스타디움의 유적. 이 곳은 도미티아누스 황제의 비밀 정원이었을 가능성도 있다.

그가 말기에 이르러 원로원을 무시하고 자신을 전제군주처럼 떠받들게 했으며 밀고 제도를 강화하는 등 공포 정치를 했다. 신변의 위협을 느낀 황제는 누군가 뒤에서 칼을 뽑아도 알아챌 수 있도록 도무스 플라비아의 중정中庭 벽면을 모두 거울처럼 반들거리는 대리석으로 치장했다고 한다. 그러나 자객은 너무나 가까이 있었다. 서기 96년 9월 18일, 그는 도무스 아우구스타나에 있는 자신의 침실에서 암살당하고 말았다. 암살범은 황후의 사주를 받은 것으로 여겨지며 황후는 원로원과 내통하고 있었던 것같다. 그의 죽음이 알려지자 원로원은 즉시 그에 관한 기록을 모두 말살하고, 나이가 지긋한 원로의원 네르바를 황제로 추대했다. 이

리하여 도미티아누스 황제를 객관적으로 평가할 수 있는 기록은 대부분 사라지고 말았다. 네로가 그랬던 것처럼 부정적인 면만이 잔뜩 부풀려져서 후세에 전해지게 되었다.

팔라티노 언덕의 정식 라틴어 명칭은 몬스 팔라티누스Mons Palatinus이며 간단히 팔라티움Palatium이라고도 부른다. 로마인들은 이 언덕 위에 세워진 궁전 역시 팔라티움이라고 불렀는데 이 말은 후기 라틴어 발음으로는 '팔라찌움'으로 읽혔고 이탈리아어로 바뀌면서 팔랏쪼palazzo가 되었다. 또한 영어권에는 팰리스palace로 전해졌다. 그리하여 로마의 팔라티노 언덕으로부터 거의 모든 유럽 언어에서 '궁전' 또는 '대규모 건축물'이라는 뜻으로 쓰이는 말이 유래되었다. 그런데 '팔라티움'이라는 이름은 따지고 보면 소박하기 그지없는 양치기들의 여신 팔레스Pales에서 유래한 것이라 하니 아이러니라고나 할까.

◀ 도미티아누스 황제의 관저였던 도무스 아우구스타나 유적

포로 로마노

_돌무더기로 남은 고대 로마의 중심

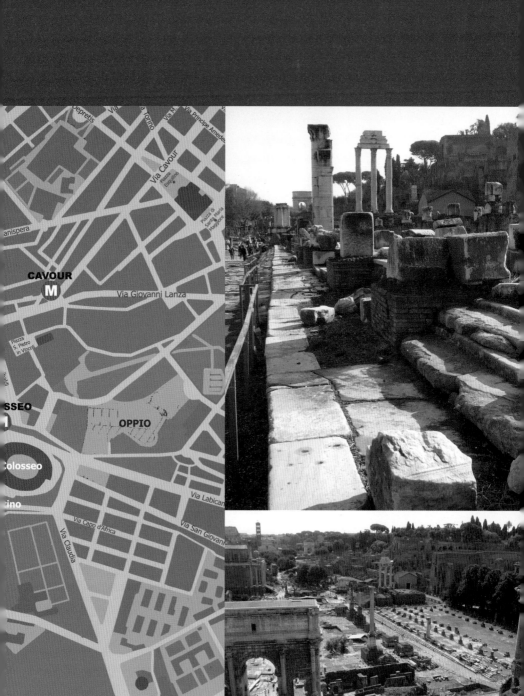

로마 유적을 파괴한 르네상스

"이건 해도 너무했다. 아니, 세상에 이럴 수가 있단 말인가? 1500년 동안이나 끄떡없이 굳건하던 고대 로마의 건물들이 불과 한 달 만에 이렇게 해체되어 버리다니……"

로마 제국의 심장부이자 그 화려함과 영광의 상징이던 포로 로마노의 건물들이 처절하게 뜯겨져 나가는 것을 보고 르네상스 시대의 젊은 예술가 라파엘로는 이렇게 통탄했다고 한다. 현재 포로 로마노 유적은 집중 폭격이라도 맞은 듯 처참한 폐허로 남아 있다. 고대 로마 건축의 공동묘지 같다고나 할까. 도대체 누가 이곳을 이토록 황량하게 만들었단 말인가? 로마 제국 말기부터 로마를 유린하기 시작했던 북방 게르만족의 일파인 고트족이나 반달족의 탓을 할 수도 있겠다. 하지만 진짜 지탄받아야 할 자들은 아이러니하게도 1000년 후 로마에 르네상스의 꽃을 피우게 한 교황들과 귀족 가문이다.

로마 제국이 융성하던 2세기에 수도 로마는 인구 100만 명이 넘는

◀ 캄피돌리오 언덕 뒤에서 남쪽으로 내려다본 포룸 로마눔의 유적. 이탈리아어로는 '포로 로마노'라고 부른다.

포로 로마노에 흩어져 있는 돌무더기. 멀리 언덕 위에 티투스 황제의 개선문이 보인다.

대도시였다. 그러나 로마 제국이 멸망하고 난 후 중세를 거치면서 13세기의 로마는 인구 1만 7,000명 정도의 초라한 도시로 남고 말았다. 다행히도 교황 소재지가 프랑스 아비뇽에서 로마로 다시 옮겨지면서, 교황청은 카톨릭 세계의 수도로서 로마를 다시 건설하는 데 모든 열정을 쏟았다. 그 노력 덕분에 폐허 속에 완전히 묻힐 뻔했던 로마는 그 장엄함을 되찾게 되었다. 이리하여 로마는 카톨릭 세계의 수도가 되었을 뿐만 아니라, 르네상스 이후 17세기 중엽에 이르기까지 3세기에 걸쳐 유럽 예술의 수도가 되었다. 하지만 당시만 하더라도 유적 보존에 대한 개념이 없었기 때문에 성당이나 궁전 및 귀족의 저택을 지을 때에는 으레 가까이에 있는 고대 로마의 유적에서 건축 자재를 조달하곤 했다. 결국 포로 로마노는 거대한 채석장으로 전락해 버렸고 포로 로마노를 장식하던 우아하고 멋진 고대의 대리석 조각들은 불에 던져져 석회를 제조하는 데 사용되었던 것이다. 그러니 로마의 르네상스는 아이러니하게도 고대 로마 유산의 파괴라는 엄청난 희생 위에 꽃을 피웠다고 할 수 있겠다.

로마의 심장, 포로 로마노

그럼 포로 로마노는 어떤 곳이었을까? 간단히 말해 이곳은 로마의 정치, 경제, 사법, 행정, 종교, 법률 등 모든 기관이 몰려 있던, 로마 세계의 중심지 중 중심지였다. 그러므로 당연히 로마에서 가장 멋지고 웅장한 건축물과 기념비들이 가득 들어서 있었다. 로마 최고의 지역이었으니 당연히 오늘날의 대도시처럼 오가는 사람들로 붐볐을 것이다.

포로 로마노 중심 광장에 세워진 로스트라 연단. 정치인들은 이곳에 올라 시민들에게 지지를 호소하는 연설을 했고 유명인사의 장례식 때 추모 연설을 하기도 했다. 그 뒤에는 국고國庫를 보관하던 사투르누스 신전 (왼쪽 7개 기둥)과 베스파시아누스 황제 신전(오른쪽 3개 기둥) 등의 유적이 보인다.

이곳에서 정치인들은 연단에 올라 시민들에게 지지를 호소하는 연설을 했고 법관들은 사람들이 잔뜩 지켜보는 가운데 법을 집행했으며 사제들은 거룩한 모습으로 종교 행사에 전념했으리라. 한편 시민들은 정가에 떠도는 소문이며 새로 제정된 법률, 전투의 현황 등에 귀를 기울이곤 했을 것이다. 성대한 개선 행사 역시 큰 볼거리였다. 포로로 잡혀온 적장들은 환호하는 군중들이 지켜보는 앞에서 갖은 모욕과 치욕을 당한 다음 바로 옆에 있는 마메르티눔 감옥에서 처형을 당했다. 안토니우스와 손잡고 옥타비아누스에 대항하다가 완전히 쪽박을 찼던 클레오파트라 역시 자살하지 않고 로마에 포로로 잡혀왔더라면 이곳에서 치욕적인 최후를 마쳤을지도 모른다.

그런데 로마 세계의 중심지라고 하는 곳이 왜 이다지도 지대가 낮을까? 언덕들이 둘러싸고 있는 저지대이니 폭우가 쏟아지면 물에 잠기지는 않았을까? 사실 이곳은 로마가 건국되기 이전부터 비만 오면 물이 고이던 습지였다. 하지만 주변 언덕에 사는 사람들이 모이기 쉽고 서로 물물교환을 하거나 종교 행사를 함께 치르기에도 매우 이상적이라는 지리적 이점때문에 로마의 시조 로물루스가 이곳을 흙으로 메워 백성들이 모이는 장소로 사용했다고 한다. 로물루스는 이곳을 포룸Forum이라고 불렀다. 그러니까 영어권에서 '공개 토론회', '시민 회의' 등의 뜻으로 흔히 쓰이는 '포럼'이란 말의 어원은 이렇게 유래된 것이다. 그런데 라틴어로 '포룸'이란 문자 그대로 해석하면 '바깥에 있는 곳'이나 '장외場外' 정도의 뜻이 된다. 즉, 엄밀히 말해 로물루스가 팔라티노 언덕 위에 로마를 건국했을 때 확정한, 신성한 경계선 포메리움의 바깥이라는 의미라 할 수 있겠다. 그러나 습지를 흙으로 메웠다고 해서 물난리에 안전할 리 없는 법. 이곳이 본격적으로 개발되기 시작한 것은 로마 토박이인 라틴계가 아닌 에트루리아계의 왕이 로마를 지배하고 나서부터였다.

에트루리아는 지금의 피렌체 일대를 중심으로 하는 이탈리아 반도의 중북부와 로마 남부 일대 일부를 장악하고 있던, 당시 최고의 선진국이었다. 에트루리아 사람들은 이미 아치 공법을 사용할 줄 알았고 치수治水의 귀재였으며 품위 있는 도시를 건설하는 데도 일가견이 있었다. 도

캄피돌리오 언덕에서 내려다 본 포로 로마노 전경

1. 마메르티눔(고대 로마의 감옥)
2. 베스파시아누스 황제 신전
3. 셉티미우스 세베루스 황제 개선문
4. 원로원
5. '로마의 배꼽'이라 불리는 원기둥
6. '로마 0킬로미터' 지점 즉 로마 제국 도로망의
　출발점인 황금 원기둥
7. 로스트라 연단
8. 바실리카 아이밀리아
9. 사투르누스 신전
10. 포카스 황제 기념 원기둥

11. 안토니누스 피우스 황제 및 파우스티나 황비 신전
12. 율리우스 카이사르 신전
13. 율리우스 카이사르의 바실리카 율리아
14. 베스타 신전
15. 디오스쿠리 형제(카스토르와 폴룩스) 신전
16. 막센티우스 황제의 아들 로물루스 신전
17. 티투스 황제 개선문
18. 막센티우스(또는 콘스탄티누스) 황제 바실리카
19. 콜로세움
20. 팔라티노 언덕

시라는 개념조차 없었던 로마인들은 오두막이 무질서하게 세워진 달동네와도 같은 곳에 살았지만 에트루리아인들이 살던 도시는 방어용 성벽으로 둘러져 있는 것은 물론, 잘 구획된 도로에 계획된 건물들과 포장된 도로 및 하수도까지 완벽하게 갖추고 있었다. 만약 그 옛날 에트루리아 사람들이 난개발로 뒤죽박죽이 된, 오늘날 우리나라의 도시를 본다면 인상을 찌푸리지나 않을까.

로마의 제5대 왕으로 선출된 타르퀴니우스 프리스쿠스는 바로 이러한 에트루리아에서 건너온 사람이었다. 그는 국가의 경제라고는 농사밖에 모르던 이전의 왕들과 달리 에트루리아에서 건축가, 공학자, 기술자들을 불러들여 로마를 품위 있게 살 만한 곳으로 개조하기 시작했다. 또한 그는 비가 오면 발이 푹푹 빠지던 포룸에 배수 시설을 설치하여 고인 물과 오물을 테베레 강으로 빠지게 하고는 그 위를 멋지게 돌로 포장했다. 이것이 바로 포룸 로마눔Forum Romanum 건설의 시작이었다.

참고로, 포룸 로마눔은 이탈리아어로는 포로 로마노Foro Romano라고 한다. 우리말로는 '로마 공회장' 쯤으로 번역될 수 있겠는데, 이것을 '로마 광장'이라고 번역하는 것은 바람직하지 않다. 왜냐면 이탈리아에서 광장piazza이라고 하면 도시 속 건물들로 둘러싸인 공간을 말하기 때문이다.

수도 로마의 개발은 그 후에도 계속되어 에트루리아계의 제7대 왕 타르퀴니우스 수페르부스는 엄청난 규모의 하수도망을 건설해 물난리 걱정과 위생 문제를 아예 근본적으로 해결했다. 이것이 지금부터 약 2500년 전의 일이라니 놀랍지 않은가.

그 후 세월이 흐르면서 포로 로마노는 단순히 열린 시장터가 아닌 도심의 성격을 띠기 시작했다. 왕정 시대 말기와 공화정 시대 초기에는 각각 원로원Curia과 평민회Comitium 건물이 세워졌고 상점과 시장이 들어섰으며 여러 신전들이 세워져 중심가로서의 면모가 잡혀가기 시작했다. 또 악천후를 대비한 실내 공간도 필요했기 때문에 기원전 2세기와 기원전 1세기 때는 많은 사람들을 수용할 수 있는 거대한 공공건물인 바실

<table>
<tr><td rowspan="2">①</td><td>②</td></tr>
<tr><td>③</td></tr>
</table>

❶ 포룸 율리움의 유적. 이 포룸에서 카이사르의 기마상과 함께 중심을 형성하는 베누스 신전은 율리우스 카이사르가 베누스 여신의 신성한 혈통을 타고났음을 은근히 만방에 알리려는 홍보용 성격이 강했다.

❷ 아우구스투스의 포룸의 유적. 이 포룸은 아우구스투스가 로마의 전통을 지키면서도 신의 섭리와 가호 안에서 로마의 역사를 이끌고 나가는 자임을 돋보이게 하고, '제정'이라는 새로운 정치 체제의 정통성을 만방에 홍보하고 시민들을 세뇌시키기 위한 목적이 강했다.

❸ 트라야누스 황제 포룸에 세워진 원기둥. 원기둥 표면에 나선형으로 둘러져 있는 부조들은 두 번에 걸친 다키아 전쟁(101~106년)의 상황 및 로마인과 다키아인들의 풍습을 자세하고도 생생하게 묘사하고 있다. 기둥 정상에 있던 황제의 동상은 없어지고 그 자리에 베드로의 동상이 멀리 바티칸을 바라보며 세워져 있다.

포룸 율리움의 유적 앞에 세워진 율리우스 카이사르의 동상. 그 뒤에 보이는 성당의 아랫부분은 고대 로마의 형장이던 마메르티눔(Mamertinum)의 유적이다. 기독교 전승에 의하면 베드로와 바울이 이곳에 수감되어 있었다고 한다.

리카basilica가 들어섰다. 이리하여 포룸 로마눔은 로마의 종교, 경제, 정치, 행정, 사법 기관이 집중되어 있는 중심가가 되었다.

황제들이 세운 포룸, 포리 임페리알리

로마의 국력과 경제 규모가 커져가고 수도 로마에 인구가 집중되자 기존의 시설로 많은 인구를 수용하기가 불가능해졌다. 그러자 기원전 46년 율리우스 카이사르는 캄피돌리오 언덕의 동쪽 부분을 깎아내고 자신의 이름을 따서 지은 포룸 율리움Forum Julium을 완공했으며 그를 이어서 아우구스투스는 기원전 23년에 포룸 율리움과 아주 비슷한 모양의 새로운 포룸을 착공하여 기원전 2년에 완공했다. 또한 베스파시아누스 황제, 네르바 황제, 트라야누스 황제도 뒤이어 포로 로마노 동쪽에 포룸을 따로 건설했는데, 그중에서도 로마 제국의 영토를 최대로 확장한 트라야누스 황제가 세운 포룸이 가장 컸다. 트라야누스 황제 포룸은 현재 대부분 돌무더기로 변해 있지만 다키아 전쟁에서 승리한 기념으로 세운 높다란 하얀 대리석 원기둥만큼은 장려한 옛 모습을 거의 그대로 간직한 채 거의 2000년이 지난 오늘날까지도 유일한 생존자처럼 그 자리에 서있다.

로마 제국 황제들이 세운 이 같은 포룸들을 일컬어 포리 임페리알리Fori Imperiali라고 한다. 우리말로는 '제국 공회장'이나 '황제들의 공회장' 쯤으로 번역할 수 있겠다. 황제들의 포룸은 원래 포로 로마노와 연결되어 있었지만 지금은 무솔리니가 만든, 베네치아 광장에서 콜로세움

20세기 초반에 말끔하게 복원된 로마 제국 원로원 건물. 율리우스 카이사르가 피살당한 곳은 이곳이 아닌 캄푸스 마르티우스 지역의 폼페이우스 회랑으로 원로원 회의도 열리곤 하던 곳이었다. 한편 왼쪽 코린토스 양식의 원기둥은 동로마 제국의 포카스 황제를 기념하여 세운 것이다.

을 잇는 넓은 직선도로인 제국 공회장 거리Via dei Fori Imperiali에 의해 단절되고 말았다.

새로운 포룸들이 세워지면서 포로 로마노에서 열리던 정치, 문화 행사나 종교 행사들 역시 새 포룸으로 이전되어 버렸다. 더구나 서기 80년 콜로세움까지 개장된 후에는 포로 로마노의 여러 가지 볼거리도 급격히 줄어들었다. 이리하여 포로 로마노는 시민들이 모이는 장소로서의 기능은 퇴색되고 오로지 역사적인 기념비를 세우는 곳으로만 활용되었다. 그리고 서기 608년, 마치 긴 역사에 마침표를 찍듯 동로마 제국의 포카스 황제를 기념하는 기둥이 포로 로마노 중심부에 마지막으로 세워졌다. 이 기둥이 세워졌을 때 포로 로마노는 이미 사양길에 접어든 지 아주 오랜 세월이 흐른 후였고 곧 이어 채석장과 방목장으로 전락하는 기구한 운명의 순간을 맞이하게 되었던 것이다.

율리우스 카이사르의 죽음

폐허로 변해 버린 고대 로마의 중심가를 산책하면서 아무렇게나 팽개쳐진 듯한 수많은 돌덩어리들을 지켜본다. 세월의 흐름 속에서 닳고 닳은 그림자 속에는 우리 인간들의 온갖 이야기가 스며 있는 것 같다. 발걸음은 포로 로마노의 중심 광장으로부터 남쪽에 있는, 이제는 폐허가 된 율리우스 카이사르의 신전 앞에서 멈추어진다. 영어권에서 '줄리어스 시저'라고 불리는 그는 고대 로마의 장구한 역사에서 최고의 위인으로 손꼽히며 후세의 황제들이 가장 흠모했던 통치자였다. 그래서 로마 제국에서는 '카이사르Caesrar' 라는 말 자체가 황제라는 의미로 굳어졌다. 또 '황제'를 뜻하는 독일어의 카이저Kaiser나 러시아어의 짜르Tsar 역시 카이사르에서 유래된 말이다.

그에게 바쳐진 이 신전은 말이 신전이지 기둥이나 벽과 같은 수직적인 건축 요소라고는 하나도 남아있지 않을 뿐더러 쓸 만한 돌이라고는 모조리 뜯겨나간 채로 오로지 기초 부분의 콘크리트 덩어리만 덩그러니 남아있다. 그런데 이 신전 폐허 앞부분에는 뭔가 특별한 것이 보존되어 있는지 지붕이 씌워져 있다. 그런데 가까이 가 보면 대단한 것은 보이지 않고 원기둥 모양의 폐허만 있을 뿐이지만 돌무더기 위에는 누군가가 두고 가는 꽃송이들이 항상 놓여 있다. 도대체 어떤 사연이 있는 것일까?

때는 기원전 44년으로 거슬러 올라간다. 그해 2월 14일, 종신 독재관이 된 율리우스 카이사르는 한 달 후에 로마의 강력한 적국이던 파르티아(당시 지금의 이란과 이라크에 해당하는 강대국)를 정벌하기 위한 출정을 준비하고 있었다. 그곳으로 떠나기 3일전인 3월 15일 그는 원로원 모임을 소집하고 회의장으로 향했다. 회의장은 그의 정적이던 폼페이우스가 캄푸스 마르티우스 지역에 세운 건물이었다. 율리우스 카이사르는 정치가와 무인으로서 탁월한 능력을 지니고 있었기 때문에 로마가 자신을 절실히 필요로 하고 또 모든 로마 시민들이 자신을 존경하고 있다는 사실을 잘 알고 있었다. 그래서인지 그는 호위병 없이 혼자서 길을 가는 것이 예사였다. 그런데 적은 너무나 가까이 있었다. 카시우스와 브루투스 일당이 권력을 쥐고 있던 그를 암살하고 말았던 것이다. 율리우

율리우스 카이사르가 화장된 곳에 세운 원기둥 유적에는 요즘도 누군가 찾아와 꽃송이를 놓고 간다.

스 카이사르는 정적 폼페이우스를 제거한 후에도 그의 석상만은 예우 차원에서 그대로 두었는데 공교롭게도 바로 그 아래에 피범벅이 된 채로 쓰러지고 말았다. 그를 칼로 찔렀던 자들은 로마 공화정의 전통을 지키기 위해 어쩔 수 없이 그를 죽였다고 강변했다. 하지만 아무도 그들의 외침에 귀를 기울이지 않았고 로마 시내에는 한동안 정적만이 흘렀다.

3월 20일, 카이사르의 시신은 로마 시민들이 운집해있던 포로 로마노로 운반되어 장작더미 위에 올려졌다. 카이사르파 집정관 안토니우스는 비통한 감정을 억누르고 연단 위에 올라, 묵묵히 서 있는 군중을 향해 입을 열었다. 셰익스피어의 희곡 『줄리어스 시저』에 의하면 안토니

우스의 연설은 다음과 같다.

I come to bury Caesar, not to praise him.

The evil that men do lives after them ;

The good is oft interred with their bones ;

So let it be with Caesar.

나는 시저(카이사르)를 묻으러 왔지, 그를 찬양하러 온 것은 아닙니다.

인간의 악행은 죽은 후에도 남고,

선행은 자주 뼈와 함께 묻히는데,

카이사르의 경우가 그렇습니다.

그의 연설 내용이 실제로 전해지지는 않기 때문에 안토니우스가 정말로 이렇게 멋지게 연설을 했는지는 알 수 없다. 오늘날의 우리는 셰익스피어의 작가적 상상을 따를 수밖에 없겠지만 어쨌든 군중의 심리를 꿰뚫어보는 안토니우스의 능력만큼은 뛰어났던 것 같다. 죽은 자를 추모하는 연설을 마친 안토니우스는 로마 시민 한 사람당 상당한 액수의 금액을 증여한다는 카이사르의 유언을 발표하고는 붉은 핏자국이 선명한 카이사르의 옷을 높이 들어올렸다. 그러자 군중들의 감정은 순식간에 돌변했고 카이사르의 암살범들은 일순간에 '때려죽일 놈들'로 몰리게 되었다.

로마 시민들이 지켜보는 가운데 마침내 율리우스 카이사르의 시신

◀ 셉티미우스 세베루스 황제의 개선문을 통해서 본 율리우스 신전의 유적이 지붕에 씌워져 있다. 이 신전은 아우구스투스가 율리우스 카이사르를 신격화하여 세운 것이다.

을 올린 장작더미가 불길에 휩싸였다. 하늘로 피어오르던 연기는 봄꽃 향기가 스민 로마의 언덕을 뒤덮었다. 고대 로마에서 가장 위대한 인물 율리우스 카이사르는 이렇게 연기와 함께 영원한 역사 속으로 사라져 간 것이다.

그 후 로마의 원로원은 그를 추모하여 그가 화장된 곳에 기념 원기둥을 세웠고 기원전 29년 아우구스투스는 그를 신격화하여 원기둥이 세워진 자리에 율리우스 신전을 세웠다. 이 신전은 장구한 세월의 흐름 속에서 처절한 폐허로 변하고 말았지만 율리우스 카이사르의 신화만큼은 돌무더기 위에 던져진 꽃처럼 영원히 시들지 않을 것이다.

셉티미우스 세베루스 개선문

율리우스 신전을 뒤로하고 옛날 개선 행렬들이 지나갔던 신성한 길 비아 사크라Via Sacra를 따라 캄피돌리오 언덕으로 향한다. 언덕으로 오르는 길목에는 셉티미우스 세베루스 황제의 개선문이 형체를 제대로 알아볼 수 없는 다른 유적들과는 달리 옛 모습 그대로 우뚝 서있다. 이 개선문은 서기 203년 원로원과 로마 시민들이 셉티미우스 세베루스 황제와 그의 두 아들 카라칼라와 게타에게 헌정한 것이다. 밖으로 튀어나온 기둥들이 표면에 진한 그림자를 드리워 명암의 대비가 강하게 느껴진다.

셉티미우스 세베루스는 로마 제국의 국운이 명明에서 암暗으로 기울던 시대에 광대한 로마 제국 영토를 종횡무진 누비며 전투와 전투 속에

셉티미우스 세베루스 개선문 윗부분에 새겨진 황제와 두 아들을 칭송하는 비문. 동생 게타의 이름이 새겨져 있던 네 번째 줄에 지워진 흔적이 역력하다.

서 살았던 군인 황제이다. 그는 또한 3세기의 대혼란기에 보기 드물게 제 명대로 살다 간 최고 권력자였다. 그는 내세울 것이 별로 없는 비천한 가정에서 태어나 최고 권력자의 자리까지 올랐다. 셉티미우스 세베루스 황제는 18년 동안 로마 제국을 통치하면서 기울어지던 국운을 다시 일으켜 세우려고 했는데, 군인 황제로서 만년에는 브리탄니아 Britannia(오늘날의 영국)까지 점령하려 했다. 하지만 그는 끝내 대망을 이

율리우스 카이사르 신전 앞에서 본 포로 로마노의 유적.
캄피돌리오 언덕으로 오르는 길목(오른쪽)에 셉티미우스 세베루스 황제의 개선문이 세워져 있다.
이 개선문은 형체를 알아볼 수 없는 다른 유적들과는 달리 옛모습을 거의 그대로 보존하고 있다.

포룸 로마눔(포로 로마노)를 비롯한 황제들의 포룸과 그 주변 지역의 옛 모습(로마 문명 박물관)

1. 유피테르 신전
2. 유노 모네타 신전
3. 타불라리움(국가공문서보관기관)
4. 마메르티눔 감옥
5. 화해의 신전
6. 베스파시아누스 황제 신전
7. 사투르누스 신전
8. 셉티미우스 세베루스 황제 개선문
9. 원로원
10. 바실리카 아이밀리아(이아밀리우스의 바실리카)
11. 바실리카 율리아(율리우스 카이사르의 바실리카)
12. 디오스쿠리(카스토르와 폴룩스) 신전
13. 포로 로마노 중심광장
14. 율리우스 카이사르 신전
15. 포룸 율리움(율리우스 카이사르 포룸)
16. 아우구스투스 포룸
17. 베스파시아누스 황제 포룸(평화의 포룸)

18. 네르바 황제 포룸
19. 트라야누스 황제 포룸
19a. 트라야누스 황제 원기둥
20. 트라야누스 시장
21. 막센티우스 황제 바실리카
　　(또는 콘스탄티누스 황제 바실리카)
22. 티투스 황제 개선문
23. 팔라티움(도미티아누스 황제 궁전)
24. 로마여신 및 베누스여신 신전
25. 콜로수스
26. 콜로세움
27. 콘스탄티누스 황제 개선문

루지 못하고 211년 에부라쿰Eburacum(오늘날의 요크York)에서 65세의 일기로 눈을 감았다. 그가 세상을 떠나자마자 로마는 다시 대혼란에 빠졌다. 큰 아들 카라칼라가 권력을 독점하기 위해 동생 게타를 살해하고 반대파는 모조리 죽음으로 몰아넣었으며 동생에 관한 기록은 모조리 지워버렸던 것이다. 이리하여 개선문 상부에 새겨져 있던 동생 게타의 이름도 지워지고 말았는데 그 흔적이 지금도 역력하다.

셉티미우스 세베루스 개선문을 통과하여 옛날 유피테르 신전이 있던 언덕으로 가는 비탈길을 따라 캄피돌리오 언덕에 오른다. 격동의 역사가 스쳐간 고대 로마의 폐허에 수많은 관광객들이 거닐고 있는 모습이 내려다보인다. 해가 질 무렵 관광객들의 발길도 끊어진 포로 로마노의 폐허는 다시금 정적에 휩싸인다. 텅 빈 역사의 현장을 바라보면 인생의 무상함과 비애가 느껴지기도 한다.

지금부터 대략 250년 전, 이 언덕에 올라 가을 석양에 물든 포로 로마노의 폐허를 내려다보며 복받쳐 오르는 비감悲感을 가누지 못하던 청년이 있었다. 그의 국적은 영국이고 이름은 에드워드 기번Edward Gibbon(1737~93)이었는데 그가 후에 쓴 걸작이 바로 『로마 제국 쇠망사 The History of the Decline and Fall of the Roman Empire』이다.

이윽고 포로 로마노의 폐허에 어둠이 깃든다. 나는 이곳에서 셉티미우스 세베루스 황제가 삶의 마지막 순간에 남긴 말을 조용히 떠올려본다.

"나는 내가 하고자 하는 일은 다 이루었다. 그러나 모든 것이 헛될 뿐이었다."

콜로세움

_세상의 멸망을 막은 십자가

로마의 상징

장구한 역사가 층층이 겹쳐져 있는 세계 유일의 도시 로마. 이러한 로마를 상징하는 건축물을 하나 꼽는다면 단연 콜로세움이다. 약 2000년 전, 세 개의 언덕이 서로 마주치는 곳에 세워진 콜로세움은 이제 원래 모습의 3분의 1정도밖에 남아있지 않지만 지금도 로마 시가지의 구심점을 이루며 과거 로마 제국의 위용을 생생히 웅변하고 있다.

콜로세움 주변은 전 세계에서 몰려든 관광객들로 항상 번잡하다. 마치 거대한 물체 속으로 빨려 들어가듯이 이들은 줄을 서서 콜로세움으로 입장하는데, 일단 그 안에 들어가면 그 웅장한 규모에 묻혀 보잘 것 없는 존재처럼 보인다. 그럼, 콜로세움에서 연상되는 로마 제국의 황제를 꼽아본다면? 상당수의 사람들은 주저 없이 네로 황제를 꼽는다. 네로 황제가 콜로세움의 황제석에 앉아 기독교 신자들이 맹수의 밥이 되는 광경을 내려다보며 즐거워했다고 생각하는 것이다. 사실 네로 황제라면 살인마에 폭군에 로마 시가지에 불을 지르고 언덕 위에 올라 불

◀ 비온 뒤 콜로세움의 모습이 비쳐 보인다.

콜로세움은 로마 시가지의 구심점을 이루며 과거 로마 제국의 위용을 생생히 보여준다.

타는 시가지를 내려다보며 노래를 부른 사이코라는 등 온갖 부정적인 수식어가 따라붙는 인물이다. 과연 네로 황제는 정말로 그런 사람이었을까?

왜곡된 네로 황제

최근 폭군으로만 알려져 왔던 네로 황제를 새롭게 평가하는 저서들이 나오고 있는데, 대부분 네로가 흔히들 생각하는 흉폭한 황제나 기독교를 탄압한 사이코 황제는 아니었음을 주목하고 있다. 그동안 확실한 근거도 없는 '~카더라'가 그의 모습을 완전히 왜곡해 왔던 것이다. 특히 로마 시가지의 3분의 2이상을 초토화시킨 서기 64년의 대화재 사건만 봐도 그렇다. 화재가 진압된 다음 방화 혐의로 체포되어 처형된 자들의 수는 2~300명 정도로 추산되는데, 그들이 처형된 이유는 기독교 신자였기 때문이 아니라 어디까지나 사회의 안전을 위협했기 때문이며, 또 당시 로마 이외 어느 곳에서도 기독교 신자들이 체포되거나 박해를 받았다는 기록은 없었다. 이 사실만 보아도 네로가 기독교를 조직적으로 박해한 악명 높은 황제였다고 보기는 곤란할 것이다. 또 네로 황제가 로마에 불을 지르고 불타는 로마 시가지를 내려다보면서 노래를 불렀다는 것은 당시 항간에 떠돌던 소문이었을 뿐이다.

그렇다면 이제 역사는 네로에게 무죄를 선고 하는 것일까? 2000년 동안 역사의 누명을 쓰고 캄캄한 암흑 세계에서 숨죽이던 네로에게 한 줄기 빛이 비추어지고 있는지도 모른다. 사실, 통치자로서 더 큰 악惡을

네로 황제의 궁전 도무스 아우레아의 폐허가 있는 언덕에서 내려다 본 콜로세움

막기 위해 어느 정도의 악행을 저지르는 것이 말 그대로 필요악일 수도
있다. 어쩌면 네로 황제는 그의 악행만 지나치게 과장되고 왜곡된 채로
후세에 전해져 내려온 것은 아닐까?

그럼 이제 네로를 직접 한번 만나서 정중히 물어보자.

"황제 폐하, 그럼 폐하는 콜로세움에서는 주로 뭘 구경했나요?"

아마도 네로 황제는 얼굴을 찌푸리며 이렇게 대답할 것이다.

"뭐야, 무슨 생사람 잡는 소리를 하고 있어? 아니, 원 세상에! 도대체 내가 콜로세움에서 뭘 어쨌다는 거야? 난 콜로세움을 한 번도 본 적이 없단 말이야. 그게 무슨 말이냐고? 이봐, 콜로세움은 내가 세상을 뜬 다음에 세워진 거야. 역사 공부나 좀 하고 질문하시지."

네로 황제의 억울함을 풀어 주기 위해서라도 콜로세움 건설 전후의 역사를 간단히 훑어볼 필요가 있겠다.

로마 대화재를 수습하고 난 네로는 66년, 어릴 때부터 동경하던 그리스로 건너갔다. 그리스 체류 중 속주 유대에서 반란이 대대적으로 일어나자 네로는 플라비우스 베스파시아누스Flavius Vespasianus를 반란군 진압 사령관으로 임명하여 현장으로 급파했다. 베스파시아누스는 기사 가문 출신으로, 네로가 개최하는 자작시 발표회나 음악회에서는 꾸벅꾸벅 졸곤 했지만 꽤나 꼼꼼하고 덕망 있던 인물이었기에 네로의 신뢰를 받고 있었다. 또 반란군 진압 사령관 정도의 중책이라면 적어도 원로원 가문 정도의 계급이 맡는 것이 통례였음에도 기사 가문 출신인 그에게 이런 중책을 맡긴 것은 네로가 출신 성분보다는 능력을 높게 평가했기 때문이었으리라.

그 후 네로는 수도 로마의 분위기가 심상치 않다는 전갈을 접했다. 그는 그리스에서 서둘러 로마로 귀환하여 사태를 일단 수습했다. 하지만 히스파니아(스페인)의 갈바 총독이 쿠데타의 중심 세력으로 굳어져 가는 것을 끝내 막지 못했다. 그러자 상황을 저울질해보던 원로원은 마침내 네로를 '조국의 적'으로 선포했고, 순식간에 몰락해버린 네로는 68년 결국 자살의 길을 택하고 말았던 것이다.

그가 죽은 다음 로마에서는 계속되는 쿠데타로 1년 반 사이 황제가 자그마치 네 명이나 바뀌는 혼란이 거듭되었는데, 이런 정치적 혼란기를 완전히 수습하고 로마 제국의 최강자로 등장한 인물이 바로 멀리 유대에서 진군해 온 예순 살의 노장 베스파시아누스였다. 이로써 로마 제국 역사상 처음으로 황제 가문이나 원로원급 귀족 계급 가문 출신이 아닌 '신참자'가 최고 권력자가 되었던 것이다.

　　황제 자리에 오른 베스파시아누스는 두 아들 티투스와 도미티아누스와 함께 대내적으로는 민심과 국가의 기강을 바로 잡고 대외적으로는 로마 제국의 건재함을 만방에 알릴 수 있는 대규모 공공 건축물을 건립하려는 계획을 세웠다. 그 일환으로 예루살렘에서부터 끌고 온 수많은 유대인 전쟁 포로들을 동원하여 네로 황제 궁전에 딸린 인공 호수 자리에 로마 역사상 최대 규모의 원형극장을 설계해 72년에 착공했다. 이 원형극장은 플라비우스 가문에 의해 세워졌다고 하여 '암피테아트룸 플라비움Amphitheatrum Flavium'이라고 불렀다. 암피amphi-는 양쪽이라는 뜻이다. 그리스인들은 지형을 이용하여 반원형극장을 만들었지만 로마인들은 아예 극장 건물을 세웠고 나아가 두 개의 반원형극장을 마주 보게 붙인 원형극장을 만들어 암피테아트룸amphitheatrum이라고 부른 것이다. 영어 씨어터theater의 어원이 되는 테아트룸theatrum은 '보는 곳' 즉 '볼거리를 제공하는 곳'이라는 의미이다. 민심을 잡기 위해 시민들에게 엄청난 볼거리를 제공하려 했던 베스파시아누스 황제는 그러나 이 원형극장이 완공되는 것도 보지 못하고 79년 타계하고 말았다. 황제 자리를 물려받은 장남 티투스는 원형극장을 3층까지 완공하고 80년에 베스파시아누스 사후 1주기를 기념하여 100일 동안 성대한 개막 기념 행사를 열었다.

한편 원형극장을 세우면서 그 옆에 있던 높이 35미터나 되는 네로 황제의 거대한 황금 동상 콜로수스Colossus는 얼굴만 태양신으로 바꾼 채 헐지 않고 세워 두었다. 중세 때부터 이 원형경기장은 콜리세우스 Colyseus, 콜리세움Colyseum, 콜로세움Colosseum 등으로 불리기 시작했는데 모두 '콜로수스'에서 유래된 것으로 추정된다. 현재 이탈리아 사람들은 이 원형경기장을 콜로세오Colosseo라고 부른다.

로마 제국 최대의 원형경기장

그렇다면 콜로세움은 도대체 어느 정도의 규모일까? 콜로세움의 바깥벽의 높이는 약 50미터이니 로마의 웬만한 언덕 높이에 해당한다. 또 바깥벽의 둘레는 527미터이니 두 바퀴만 돌아도 1킬로미터 이상 걸은 것이 된다. 이 정도 규모라면 적어도 5만 명의 관중이 들어갈 수 있었을 것이고 입석까지 포함하면 7만 명까지 입장이 가능했다는 얘기다. 또 콜로세움을 세우는데 사용된 돌의 양은 뉴욕의 엠파이어스테이트 빌딩을 세우는데 사용된 돌과 맞먹을 정도로 어마어마했다. 그런데도 콜로세움의 기초는 2000년이 지난 지금도 가라앉거나 균열이 간 곳이 거의 없을 정도로 튼튼하다. 이렇게 대규모의 건축물을 짓는데 걸린 시간은 실제로 5년 정도밖에 되지 않았다고 한다. 그 당시 로마는 뛰어난 시공 기술을 보유하고 있었을 뿐만 아니라 공사 현장을 네 군데로 나누어 동시에 진행하면서 전체적인 공정을 매우 효율적으로 조율했기 때문에 이토록 빠른 완공이 가능했다.

콜로세움을 디자인의 측면에서 보면 여러 가지 흥미로운 요소들이 눈에 띈다. 한 예로, 콜로세움의 타원형 평면의 장축과 단축은 188×156미터, 아레나(경기장)의 장축과 단축은 약 86×54미터로 장축:단축의 비율이 당시 가장 이상적으로 여겨지던 5:3에 매우 가깝다. 또 콜로세움의 바깥벽은 모두 똑같은 아치로 통일되어 있지만 좀 더 자세히 관찰하면 각 층마다 약간의 변화가 있음을 알 수 있다. 즉 아치와 아치 사이에 사용된 반원기둥들이 모두 양식을 달리하고 있는 것이다. 이 반기둥들은 하중을 받는 용도가 아니라 오로지 장식적으로만 사용되었는데, 1층은 남성적이고 두터운 느낌을 주는 도리아 양식과 토스카나 양식을 혼합한 것이고 2층은 다소 여성적인 느낌을 주는 이오니아식, 3층은 마치 소녀를 연상케하듯 가볍고 날렵한 느낌을 주는 코린토스식인 반면 4층은 짙은 그림자를 드리우지 않는 코린토스 식 벽기둥으로 처리되어 원기둥에 비해 훨씬 가볍게 느껴진다. 위로 갈수록 건물의 하중이 줄어들기 때문에, 서로 다른 양식의 기둥들을 이 같은 순서로 수직 배치한 것은 디자인적 측면에서 매우 논리적으로 보인다. 한편 직사각형 창문이 있는 벽체로 된 4층은 아치로 뚫려있는 1, 2, 3층과 강한 음영 대비를 이루면서 콜로세움의 외관을 전체적으로 마무리하는 듯한데, 마치 거대한 개선문처럼 콜로세움 외관에 중후한 느낌을 부여한다.

또 비가 오거나 햇빛이 강할 때를 대비해 관중석 위는 벨라리움 velarium(돛과 같은 천막)으로 덮여 있다. 나폴리 만 미세눔 항의 해군기지에서 올라온 특수 요원들이 고도의 기술을 필요로 하는 벨라리움 작업

콜로세움의 바깥벽은 똑같은 아치로 통일되어 있지만 좀 더 자세히 관찰하면 각 층마다 약간의 변화가 있음을 알 수 있다. 아치와 아치 사이에 사용된 반원기둥이 그 양식을 달리하기 때문이다.

▲ 각 아치 윗부분에 새겨진 출입구 번호. ⅬⅡ는 52를 뜻한다. 관중들은 입장권 번호에 해당하는 아치를 통해
입장했다.

▶ 일부 남아있는 당시의 관중석. 관중석은 신분에 따라 네 층으로 나뉘어져 있었고 황제석은 경기장의 한쪽
면에 마련되어 있었으며 바로 맞은편에 검투사들의 출구가 있었다.

을 전담했다고 한다. 4층 바깥벽 상부에는 벨라리움을 고정하던 장치가
아직도 남아있다.

콜로세움은 웬만한 도시의 인구를 모두 수용할 수 있는 규모를 자
랑할 뿐만 아니라 또한 이 많은 관중들이 출입할 때 15분이 넘지 않도록
설계되었다. 바닥층에 있는 80개의 아치에 각각 번호가 붙어 있어 입장
권에 표기된 아치를 통해 질서 있게 입장할 수 있었고 밖으로 나갈 때

▶ 콜로세움의 내부. 모의 해진이 폐지된 후 경기장 아래에 미로와 같은 지하 시설을 만들어 검투사 대기실,
맹수 우리, 무대 장치 보관실 등으로 사용했다. 한편 콜로세움은 적어도 5만 명의 관중이 들어갈 수 있었
고, 입석까지 포함하면 7만 명까지 입장할 수 있었다.

역시 15분내로 모든 관중들이 경기장을 빠져 나갈 수 있었을 것이다.

콜로세움이 세워진 곳은 주변의 언덕이 만나는 저지대이기 때문에 배수가 매우 힘들었을 법도 한데 '나우마키아' 라고 불리던 모의 해전까지 즐길 정도로 배수 시설을 완벽하게 갖춰 놓았다. 그 후 나우마키아는 물을 넣고 빼는 번거로움 때문에 폐지되었고 그 대신 경기장 아래에 미로와 같은 지하 시설을 만들어 검투사 대기실, 맹수 우리, 무대 장치 보관실 등으로 사용했다. 이외에도 콜로세움의 건축가들은 경기장 세트와 장비를 비롯해 사람과 맹수들을 적시에 혹은 동시에 아레나에 올려놓을 수 있는 엘리베이터 장치를 고안하기도 하였다. 아레나Arena란 모래라는

▲ 검투사가 결투하는 장면을 새긴 대리석
▶ 콜로세움 남쪽에 있는 검투사 훈련장 및 숙소 유적

뜻으로 나무판을 깐 위에 모래를 덮은 경기장의 바닥을 일컫는 이름이었다.

잔인한 볼거리, 검투사 시합

콜로세움에서 열린 여러 볼거리 중 최고의 '공연 프로그램'은 단연 피비린내 나는 검투사 시합이었다. 에트루리아나 삼니움에서는 지체 높은 사람의 장례식 때 검투사 시합을 벌였다. 시합에서 죽은 검투사가 지체 높은 사람의 영혼을 저승으로 호위한다고 믿었던 옛 풍습에서 유래된 것이다. 고대 로마인들은 검투사를 글라디아토르gladiator라고 불렀는데 로마군이 접근전에서 사용한 양날의 짧은 칼 글라디우스gladius에서 온 말이다.

검투사 시합은 주로 노예들이 도맡았지만 세월이 흐르면서 전문적인 검투사들이 양성되었다. 제정 시대의 지식층들은 검투사 시합을 교훈적 가치가 있는 볼거리로 여겼으며 로마인의 기상을 높인다고 긍정적으로 평가하기도 했다. 예를 들어 소小 플리니우스는 "노예와 범죄자들도 검투사 시합을 통하여 영광에 대한 집념과 승리를 쟁취하려는 의지를 불태운다"라고 말했다. 문제는 검투사 시합이 세월이 흐르면서 더욱 자극적이고 잔인해졌다는 것이다. 기독교를 공인한 콘스탄티누스 황제는 검투사 시합을 금지하려 하였지만, 로마 시민들의 열광은 막을 수가 없었다. 그런데 5세기에 결정적인 사건이 일어났다. 텔레마코스라고 불리는, 동방에서 온 수도승이 검투사시합 도중 경기장으로 뛰어들어가 관중들을 향하여 이 무자비하고 비인간적인 경기를 중단할 것을 호소한 것이다. 그러자 관중들은 성난 목소리로 야유를 퍼붓고는 그를 돌로 쳐죽여 버렸다. 그 이후로 검투사 시합은 더 이상 행해지지 않았다 한다. 검투사 시합은 로마 제국이 멸망하기 40년 전에야 마침내 법으로 금지되었다. 검투사 시합이 금지된 이후, 콜로세움의 마지막 행사는 서기 523년에 열린 것으로 기록되어 있다. 그러니까 볼거리를 제공해주는 곳으로서의 콜로세움은 거의 450년 동안 사용된 셈이다.

콜로세움의 야경

'세상의 멸망'을 막은 콜로세움의 십자가

굳건하게 서있던 콜로세움은 여러 차례의 지진으로 서서히 파괴되기 시작했다. 허물어진 돌은 다른 곳의 건축 자재로 사용되었고, 돌과 돌 사이를 연결하는 이음쇠를 빼내면서 곳곳에 구멍이 뻥뻥 뚫리기 시작했다. 북부유럽에서 로마를 찾아온 순례자들은 옛 영광을 잃은 콜로세움 앞에서 흥망성쇠의 인간사를 되새겼다. 특히 8세기 영국의 교부教父 베다Beda the Venerable (672~735)의 묵시록과도 같은 글귀는 이를 한층 실감나게 보여준다.

> 콜로세움이 서 있는 한
> 로마도 서있으리라.
> 콜로세움이 무너지는 날이면
> 로마도 무너지리라.
> 로마가 무너지는 날이면
> 이 세상도 무너지리니……

그 후 르네상스의 바람과 함께 로마에 건축 붐이 크게 일면서 콜로세움은 사상 최악의 시대를 맞기 시작했다. 그러니까 포로 로마노와 같은 수난의 길을 걸었다고나 할까. 마구 뜯겨나간 콜로세움의 돌은 베드로 대성당과 같은 기독교 성전을 짓는 데도 쓰였다. 기독교 신자들이 순교한 성지聖地로 여겨진 콜로세움의 돌이기에 종교적인 의미로 사용하려고 했던 것일까? 어쨌든 당시 콜로세움처럼 교통이 편리하고 큰 '채석

▶ 부활절을 앞둔 성금요일 밤의 촛불 미사. 콜로세움 앞에서 교황이 집전하는 이 미사에는 수많은 신자들이 모여 예수 그리스도의 고난을 되새긴다.

장'은 어느 곳에도 없었으리라.

　만신창이가 된 콜로세움은 그 후 『콜로세움 식물도감』이라는 책자까지 발간될 정도로 오랜 기간 방치되어 잡초 무성한 폐허로 변했고, 소와 양을 먹이는 방목장으로도 이용되었다. 그러다가 1750년에야 비로서 황폐의 위기에서 벗어났다. 당시 교황이었던 베네딕투스 14세가 콜로세움을 기독교 순교지로 정하고 그 안에 큼지막한 십자가를 세웠던 것이다. 이리하여 지금도 매년 부활절을 앞둔 성금요일이면 콜로세움 앞 광장에 수많은 신자들이 모여 그리스도의 고난을 되새기는 촛불 미사를 드리고 있다. 하지만 엄밀히 따져 보면 콜로세움은 기독교 박해와는 무관한 장소이다. 콜로세움에서 기독교 신자가 박해를 받아 죽었다는 기록은 로마 역사 어느 구석에서도 찾을 수 없으니 말이다. 그리고 보면 '콜로세움=기독교 성지'라는 등식 역시 '~카더라'가 사실을 완전히 왜곡한 예이다. 당시 콜로세움에 십자가를 세웠던 교황은 이런 역사적 진실을 모르고 있었을까? 만약 알고 있었다면, 사람들이 콜로세움에서 석재를 더 이상 뜯어가지 못하게 하려는 특단의 조치로서 십자가를 세운 것은 아니었을까? 콜로세움에 십자가가 세워진 이래로 교황들은 콜로세움을 복원할 수 있는 데까지 복원해 더 이상 무너지는 것을 막았다. 그리고 보면 이 십자가는 콜로세움이 완전히 무너지는 것을 막은 셈이다. 콜로세움이 무너지지 않았으니 로마 또한 무너지지 않았고 로마가 무너지지 않았으니 세상도 아직 멸망하지 않은 것일까?

◀ 십자가는 콜로세움이 완전히 무너지는 것을 막은 셈이다.

콘스탄티누스 개선문

_중고품으로 새로운 시대를 열다

신의 영감으로 싸운 전투

"황제가 개선장군을 위해 개선문을 세우고 직접 나와 개선장군을 맞이했습니다. 세상에 이런 나라가 또 어디에 있습니까?"

콜로세움 곁에 세워진 콘스탄티누스 개선문 앞, 한국에서 온 대학생 그룹 앞에 선 나이 지긋한 인솔자가 로마 제국에 미련이라도 갖고 있는 듯 거창한 수사를 곁들여 열변을 토하고 있었다. 사실 로마는 하루아침에 이루어진 것이 아니다. 로마의 장구한 역사의 흐름을 알고 나면 '로마는 이러했다'라고 몇 마디로 단정짓기가 매우 어렵다는 얘기다. 1000년이 넘는 고대 로마 역사의 흐름을 보면 걸음마 단계에 해당하던 시대가 있었고, 크게 융성하던 시대가 있었으며 국운이 기울어져 창피할 정도로 허약했던 시대도 있었으니 각 시대마다 로마의 모습이 제각각일 수밖에 없다. 그렇다면 황제가 개선장군을 위해 개선문을 세우고 직접 나와 그를 맞이한 것은 다음 중 어느 시대에 해당할까?

◀ 콘스탄티누스 황제 개선문

① 걸음마 시대

② 융성하던 시대

③ 국운이 기울어지던 시대

④ 모르겠다

정답은 ④번이다. 왜냐하면 로마 제국의 역사에서 황제가 개선장군을 위해 개선문을 세우고 직접 나와 그를 맞이한 일은 전혀 없었기 때문이다. 로마의 역사에서 개선식은 대개 공화정 시대에 있었다. 로마가 창건된 이래 공화정 마지막까지 개선식은 약 320번 있었던 반면, 황제가 통치하던 제정 시대에는 불과 30번 정도밖에 없었다. 그 이유는 제정 시대에는 군사 통수권이라고 할 수 있는 임페리움imperium을 가진 총사령관이 바로 황제imperator였기 때문이다. 즉 왕이나 황제가 없던 공화정 시대와 달리 제정 시대의 장군들은 개선식을 올리는 데 절대적으로 필요한 자격 즉 임페리움을 갖추지 못했던 것이다. 개선문이란 원래 외적을 섬멸한 개선장군의 로마 입성을 위하여 세운 것으로, 전쟁에서 평화로, 외부에서 신성한 도시 내부로 들어가는 것을 뜻한다. 개선문이라고 해서 승전을 축하하기 위한 것만은 아니었다. 때로는 황제의 치적을 기념하기 위하여 세우기도 했는데 일반적으로 세월이 흐른 다음에 개선문을 세워 기념하곤 했다. 사실 개선식은 원래 에트루리아의 종교 행사로, 유피테르 신에게 감사하기 위해 치르던 소박한 행사에 불과했다. 그것이 로마로 전래된 후에 정치적인 색채를 강하게 띠면서 화려한 행사가 된 것이다. 어쨌든 개선식은 고대 로마인들의 정신과 기상을 고양하는 행

콜로세움에서 본 콘스탄티누스 황제 개선문. 멀리 티투스 황제 개선문이 보인다.

사였음에는 틀림없다. 이것은 그리스인들이 올림픽 제전과 같은 행사를 통하여 민족 정서를 단합하던 것과 마찬가지가 아니었을까? 축제를 벌이며 흥을 돋우던 로마 사람들이 개선문이라는 새로운 종류의 건축물까지 만들어낸 것이리라.

현재 로마에는 콜로세움 옆에 세워진 콘스탄티누스 개선문과 이곳에서 북쪽을 향해 난 비탈길 위에 세워진 티투스 개선문, 포로 로마노에서 캄피돌리오 언덕으로 오르는 길목에 세워진 셉티미우스 세베루스 황제 개선문 등 로마 제국 시대에 세워진 개선문 세 개가 남아있다. 그중 가장 오래된 것은 티투스 황제 개선문으로 서기 70년 유데아 전쟁 승전을 기념하여 티투스

티투스 개선문 안벽을 장식하고 있는 유데아 전쟁 승리 및 개선 장면

가 죽은 다음 그의 동생 도미티아누스 황제가 세운 것이다. 아치의 안쪽 벽에는 승리의 사두마차를 타고 개선한 모습이, 서쪽 벽에는 예루살렘 성전의 보물을 들고 개선하는 행렬이 조각되어 있는데 마치 당시 시민들의 열광적인 함성이 들려오는 듯하다. 또한 로마 제국의 국운이 기울어가던 3세기 초에 세워진 셉티미우스 세베루스 황제 개선문은 오리엔트 지방의 정벌을 기념하여 세운 것으로, 개선문의 벽에는 오리엔트 정벌 장면들이 빼곡히 묘사되어 있다.

세 개의 개선문 중에서 가장 규모가 크고 또 가장 늦게 세워진 콘스

▶ 콘스탄티누스 황제 개선문. 상부에 새겨진 문구는 이 개선문이 세워진 연유를 말해준다. 아치 사이로 콜로세움 유적이 보인다.

106

탄티누스 황제 개선문은 기존의 개선문과는 성격이 좀 다른데, 무엇보다도 보존 상태가 매우 좋아 세부를 구석구석 살펴볼 수 있다. 하지만 이 개선문에 관한 역사적 문헌은 전혀 남아 있지 않다. 그래도 다행히 윗부분에 다음과 같은 긴 문구가 새겨져 있어 어떤 연유로 세워졌는지를 짐작할 수 있다.

IMP CAES FL CONSTANTINO MAXIMO P F AVGVSTO SPQR QVOD INSTINCTV DIVINITATIS MENTIS MAGNITVDINE CVM EXERCITV SVO TAM DE TYRANNO QVAM DE OMNI EIVS FACTIONE VNO TEMPORE IVSTIS REM PVBLICAM VLTVS EST ARMIS ARCVM TRIVMPHIS INSIGNEM DICAVIT

간단히 번역하자면 다음과 같다.

콘스탄티누스 황제에게: 신의 영감과 숭고한 정신으로 나라를 위해 정의의 무기로 폭군과 그의 일파에게 복수하였으므로 이에 로마의 원로원과 시민은 승리의 증표로 이 개선문을 헌정했다.

그런데 여기서 '신의 영감으로INSTINCTV DIVINITATIS'라는 말에 눈길이 간다. 대체 어떤 사연이 있기에 신의 영감이라는 표현을 쓴 것일까?

역사를 바꾼 밀비우스 다리 전투

3세기의 로마 제국은 국운이 기울어지기 시작하더니 거의 무정부 상태에 가까운 상황이 계속되었다. 이름도 외우기 힘들 정도로 많은 군인들이 황제의 자리에 올랐다가 제 명을 못 살고 사라져 갔다. 그래도 로마의 국운을 다시 한 번 일으켜 보려는 인물이 등장했으니 그가 바로 디오클레티아누스다. 그는 로마 제국의 영토가 너무 넓어 한 사람이 효율적으로 통치하기가 힘들 뿐 아니라, 방대한 로마 제국의 국경을 방어할 때 먼 거리에 있는 로마에서 명령을 하달하는 비효율성에 주목하고 로마 제국의 수도를 소아시아의 니코메디아로 옮겼다. 로마 제국을 동부와 서부로 나누어 디오클레티아누스 자신은 동부를 맡고 같은 고향 출신인 막시미아누스 장군에게 서부를 맡기면서 황제의 직위를 주었다. 이때 서부의 수도는 로마가 아니라 밀라노가 되었으니 로마는 역사상 처음으로 수도의 지위를 잃은 격이 되었다. 또한 디오클레티아누스는 황제의 임기를 20년으로 못 박고 황제가 죽거나 퇴위할 때를 대비해 자신은 부황제로 갈레리우스를, 막시미아누스는 부황제로 콘스탄티우스를 선출해 두도록 하였다. 이리하여 실제로는 네 명이 로마 제국을 분할 통치하는 이른바 테트라르키아Tetrarchia(사두정치) 체제를 성립하여, 황제가 죽어도 로마 제국 전체가 무정부 상태에 빠지는 일이 없도록 제도적 안전장치를 마련하였다. 그 와중에 디오클레티아누스는 로마의 전통을 다시 세우겠다는 의도에서 기독교를 대대적으로 탄압하기도 했다.

디오클레티아누스와 막시미아누스가 임기를 채우고 물러난 다음 대기하고 있던 부황제들이 황제로 승격되었다. 그것까지는 좋았는데 다

막센티우스가 착공하고 콘스탄티누스가 완공한 웅대한 규모의 바실리카 유적. 막센티우스는 대형 공공건물 건설에 열을 올렸으나 승자인 콘스탄티누스가 이를 접수했다.

시 새로운 부황제를 선출하는 일에 서로 이해관계가 얽히면서 일이 복잡해졌다. 콘스탄티우스의 아들 콘스탄티누스는 워낙 유능하고 공을 많이 세웠기 때문에 갑자기 죽은 그의 아버지 자리를 물려받는데 크게 문제가 없었지만, 막시미아누스의 아들 막센티우스는 그렇지가 못했던 것이다. 막센티우스는 앞길이 막히자 아예 로마를 지지기반으로 스스로 황제임을 자처하고 나섰다. 로마의 새로운 창건자로서의 이미지를 부각시키기 위해 그는 새로운 바실리카를 비롯한 로마의 건축 기술을 집약한 대형 공공건물 공사에 열을 올렸다. 그러다가 드디어 운명의 시간이 성큼 다가왔다. 콘스탄티누스가 로마 제국의 주도권을 장악하기 위해 막센티우스를 제거하러 내려온 것이다.

서기 312년 콘스탄티누스는 막센티우스 군대의 4분의 1밖에 되지 않는 4만 명의 군대를 이끌고 북부 이탈리아에서 로마로 향했다. 그해 10월 27일, 그는 로마 북부 외곽에 있는 삭사 루브라Saxa Rubra에서 막센티우스의 군대와 격전을 벌였는데, 전투 경험이 풍부한 콘스탄티누스의 군대 앞에 막센티우스의 군대는 상대가 되지 않았다. 패색이 짙어지자 막센티우스 군대는 로마로 일단 퇴각하려고 했다. 하지만 좁은 밀비우스 다리 앞에서 서로 건너가려 아비규환을 이루는 사이 콘스탄티누스의 군대는 막센티우스의 군대를 덮쳐 파리 잡듯 마구 살육했다. 막센티우스는 이곳에 설치한 부교浮橋가 뒤집히는 바람에 테베레 강에 빠지고 말았다. 무거운 갑옷을 입었으니 그의 시체는 찾기도 힘들었다. 다음날 그의 잘린 목은 콘스탄티누스의 군대와 함께 로마로 보란 듯이 입성했다. 이로써 로마의 역사는 완전히 새로운 국면으로 접어들게 되었다. 이 전투를 보통 '밀비우스 다리 전투'라고 하는데, 밀비우스 다리는 아직도 건재하며 이탈리아어로는 폰테 밀비오Ponte Milvio라고 부른다.

그런데 이 전투에 임하기 전, 콘스탄티누스는 대낮에 하늘에서 십자가와 함께 '이 표상表象으로 이기리라In hoc signo vinces'라는 문구를 보았다고 한다. 또 그날 밤 꿈에도 똑같은 광경을 보고는 이를 기독교 신의 계시로 받아들여 그리스도를 상징하는 표상을 그린 군기를 앞세우고 진군했다는 것이다. 하지만 이것은 '콘스탄티누스가 죽기 직전에 그러더라.'라는 말이 전해진 것이니 그 진위는 알 수 없다. 콘스탄티누스는 원

콜로세움 곁에 세워진 콘스탄티누스 황제 개선문

래 태양신을 숭배하고 있었고 기독교에 대해서는 관대한 편이었다. 그런데 그의 정적 막센티우스는 개선문의 문구처럼 정말로 폭군이었을까? 그 역시 기독교에 대해서는 콘스탄티누스 못지않게 관대했음이 최근에서야 밝혀지고 있다. 하지만 역사는 승리자가 쓰는 법. 그는 전쟁에 패한 후 졸지에 천하의 폭군으로 기록되고 말았던 것이다.

콘스탄티누스는 원로원과 로마 시민들의 환영을 받으면서 로마에 입성했고 다음해에 밀라노에서 기독교를 공인하는 칙령을 발표했다. 이리하여 한동안 심하게 박해받던 기독교는 313년부터 로마 제국의 합법적인 종교가 되었다. 기독교를 가장 심하게 박해하고 황제 자리에서 물러나 은둔생활을 하던 디오클레티아누스까지도 313년 세상을 떠났으니 기독교를 적대시하던 세대는 모두 역사의 뒷전으로 밀려나고 말았던 것이다.

로마의 원로원과 시민들은 콘스탄티누스의 승리를 기념하여 315년 콜로세움 옆에 거대한 개선문을 세웠다. 사실 그 전까지 개선식은 외적을 섬멸하는 경우에 한해 치른 것이었다. 그런데 콘스탄티누스는 같은 로마군을 상대로 하는 싸움에서 승리한 것임에도 개선문의 주인공이 되는 영광까지 얻었으니 이거 뭐가 잘못되어도 한참 잘못된 것이 아닐까? 당시 로마의 원로원이 막센티우스 황제가 패배하자마자 목숨을 부지하기 위해 새로 부상한 강자强者에게 아부하는 거대한 개선문을 서둘러 세워 바쳤던 것은 아닐까?

▶ 콘스탄티누스 황제 개선문과 로마 여신 및 베누스 여신 신전과 콜로세움의 유적. 도시 공간의 관점에서 보면 콘스탄티누스 황제 개선문이 세워지면서 콜로세움 앞 광장은 감싸인 듯한 공간이 되었다.

새로운 시대를 연 중고품 개선문

콘스탄티누스 황제의 개선문은 고대 로마 1200년 역사에서 로마의 심장부에 마지막으로 세워진 기념비로, 현재 로마에 남아 있는 세 개의 개선문 가운데 규모가 가장 클 뿐 아니라 보존 상태도 양호하다. 한편 도시 공간의 관점에서 보면 개선문이 세워지면서 콜로세움 앞 광장은 감싸인 듯한 공간이 되었다. 그런데 알고 보면 이 개선문은 '중고품'으로 이루어져 있다는 사실!

당시의 건축가들은 지진이나 화재로 파괴된 전 시대의 기념비 및 옛 건축물에서 뜯어온 파편 등을 새로운 건축에 사용하는 것을 예사로

콘스탄티누스 개선문 남쪽면의 둥근 메달은 태양신을 묘사하고 있다. 그 아래에는 콘스탄티누스 황제의 전투 장면이 묘사되어 있는데 이전 시대의 섬세한 조각과는 달리 세련되지 못하다.

여겼기에 이 개선문에는 이전 시대 황제들의 기념물과 건축에서 떼어온 조각들이 많이 보인다. 예를 들어 개선문 윗부분에 있는 부조들을 자세히 보면 콘스탄티누스의 모습이 있는데, 그의 얼굴이 조각된 돌 표면을 살펴 보면 다른 조각들과 다소 다르다는 사실을 알 수 있다. 그 이유는 하드리아누스나 마르쿠스 아우렐리우스 황제의 수염을 깎아 콘스탄티누스 대제의 얼굴로 바꾸었기 때문이다. 이러한 이유로 어떤 학자는 이 개선문 자체가 이미 이전 시대에 세워진 것을 개조한 것이라는 주장을 하기도 한다. 개선문에 콘스탄티누스의 전쟁 기록을 묘사한 조각이 띠를 두른 듯 새겨져 있는데, 이 조각들은 당시의 작품임에는 틀림이 없

▶ 콘스탄티누스 황제 개선문의 상부에는 트라야누스 황제 포럼에서 떼어온 다키아 전쟁 포로 석상이 전면에 세워져 있다. 또 대리석 패널에는 다른 황제의 초상 조각을 손질하여 콘스탄티누스 황제의 모습으로 만들었음을 알 수 있는 흔적이 보인다.

다. 하지만 이전 시대의 섬세한 조각과는 달리 세련미와는 거리가 멀고 왠지 조악하며 변방의 분위기가 느껴진다. 315년은 콘스탄티누스가 황제 자리에 오른 지 10주년이 되던 해다. 때를 맞추기 위해 너무 서둘러 짓느라 그랬을까? 사실 당시 로마 제국은 국운이 많이 기울어 이전 시대에 비해 건축, 예술, 기술 등의 분야가 퇴조해 있었고, 또 수도를 비잔티움으로 이전하는 작업이 326년부터 본격적으로 시작되었기에 로마에는 건축이나 예술을 국가 차원에서 부추길 일이 없었다. 그러니 능력 있는 예술가들이 로마에는 별로 없었을 것이다.

그런데 기독교를 공인한 황제에게 바쳐진 이 개선문에는 이교도 신들의 형상도 보인다. 개선문 양쪽 측면에 커다란 메달과 같은 둥근 돌판

에는 해신와 달신까지 노골적으로 조각되어 있다. 또 예수 그리스도를 상징하는 조각이나 예수스 크리스투스JESUS CHRISTUS(예수 그리스도)라는 글자나 예수 그리스도를 상징하는 표상인 ✳(그리스어로 X는 Ch, P는 r 이다. 즉 Christos의 이니셜이다) 역시 찾을 수 없다. 그리고 보면 '신의 영감으로'에서 말하는 '신'이 기독교의 신인지 로마의 전통신인지도 분명치 않다. 이것은 기독교에 대해 거부감을 느끼는 보수파 세력을 자극하지 않으려던 콘스탄티누스 황제의 정치적 의도가 아니었을까?

한편 기독교를 공인하기 전까지 태양교를 신봉했던 콘스탄티누스는 태양교 전통의 일부를 기독교화하기도 했는데, 태양신의 탄신일 12월 25일을 아기 예수 탄신일 즉 크리스마스로 정한 것과 태양신에게 바쳐진 일요일을 공식적인 국가 공휴일로 정한 것이 그 좋은 예이다.

개선문 주변에 있는 로마 제국의 유적들을 보면, 웅대한 콜로세움은 무너져서 원래 모습의 3분의 1정도밖에 남아 있지 않고 로마 제국 전성기 때 하드리아누스 황제가 세웠던 로마 여신 및 베누스 여신 신전은 기둥 일부와 신상을 안치하던 성소 부분의 벽체만 앙상하게 남아 있다. 그러나 콘스탄티누스 개선문은 마치 장구한 세월과의 싸움에서 이긴 듯 원래의 모습을 거의 간직한 채 개선장군처럼 우뚝 서 있는 것이다.

기독교도들은 전통신을 믿는 이교도를 파가누스paganus라고 불렀다. 이 말은 행정 구역 분할에 따른 최소 토지 단위였던 파구스pagus에서 유래되는데, '시골'이란 뜻으로도 쓰였던 말이다. 기독교 전파는 도시에서는 비교적 쉽지만, 전통에 얽매여 새로운 개념의 종교를 받아들이는 데에 인색했던 시골 사람들에게는 보통 어려운 일이 아니었다. 때문에 기독교도들은 전통신을 굳게 믿는 사람들을 '파가누스'라고 불렀던 것이다. '이교도(의)'라는 뜻의 영어 페이건pagan은 여기서 유래되었다.

고대 로마의 정치 이념은 로마 여신 및 베누스 여신 신전에서 볼 수 있듯이 셀 수 없이 많은 '잡신'들을 섬기는 전통 종교와 긴밀하게 엮여 있었다. 콘스탄티누스 황제는 이러한 로마의 전통을 팽개치고, 박해하면 할수록 더욱 교세가 확장되던 새로운 종교와 손을 잡았다. 그것은 거역할 수 없는 역사의 흐름이었으며 콘스탄티누스는 그 흐름을 최대한 이용하여 로마 제국의 최강자로 떠오르게 된 것이다. 이로써 1000년 동안 깊게 뿌리 내렸던 파가니즘paganism은 테베레 강물에 휩쓸려 떠내려가고 로마 제국은 '기독교 시대'라는 새로운 역사의 흐름을 맞이하게 되었다. 기독교의 입장에서 보면 콘스탄티누스 황제 개선문은 모든 박해와의 싸움에서 승리한 후 '기독교 시대'로 들어가는 문이 된 셈이다.

치르코 맛시모

_페허로 남은 로마 제국 최대의 경기장

대경기장 유적의 함성

이탈리아 사람들은 얘기하는 것을 무척 좋아해서 입을 한시도 가만 두질 않는다. 침묵은 금이라고 하지만 이탈리아에서 침묵은 손해와 직결된다. 그렇다면 가장 많이 나오는 얘깃거리는 무엇일까? 단연 예술일까? 오페라일까? 가톨릭 종주국인 만큼 종교 이야기일까? 뭐 그리 거창하게 생각할 필요는 없다. 뭐니 뭐니 해도 먹는 얘기, 여자 얘기, 축구 얘기가 단연 우선이다. 이탈리아 사람들에게 먹는다는 행위는 아주 신성한 의식이기 때문에 배를 채우기 위해 아무렇게나 후다닥 먹어 치우는 모습은 보기 힘들다. 좋은 음식과 품격 있는 상차림은 부자나 가난한 사람이나 매일같이 생각하는 공통의 관심사이다. 또 이탈리아 남자들은 혼자 있는 여자를 보면 좀처럼 그냥 두지 않는다. 별의별 얘기를 늘어놓으면서 어떻게 하든지 한번 유혹하려고 한다. 그러니 이탈리아에 여행을 간다면 애인이나 아내가 이탈리아 남자들에게 마음을 빼앗기지 않도록 각별히 조심해야 할 것이다.

◀ 관중석 폐허 너머로 본 로마 제국 최대의 경기장 치르코 맛시모의 유적

그럼 축구는 어떤가? 아무리 생각해도 이탈리아 사람들에게 축구란 일종의 종교인 것 같다. 그러니 이탈리아 사람들은 한국 사람을 만나면 으레 얼굴이 벌게지면서 2002년 한일 월드컵 때 이탈리아가 한국이 매수한 모레노 심판 때문에 졌다고 열을 올린다. 그러다가 꼭 한 번 언급하는 '파르크 도오 이크Park Doo Ik'는 런던 월드컵에서 이탈리아 국가대표팀 골대에 슛을 날린 북한의 박두익 선수이다. 이 사람들은 한국에 대해서는 잘 몰라도 축구 선수 이름이라면 철자까지 확실히 꿰고 있을 정도이다.

2006년 월드컵 때 이탈리아와 프랑스가 결승전에서 맞붙던 날, 이탈리아 전역은 온통 열광의 도가니 속으로 빠져들었다. 팔라티노 언덕과 아벤티노 언덕 사이에 있는 들판같이 넓고 길쭉한 공터에 대형 화면 두 개를 설치하여 결승전을 생중계했는데 남녀노소 막론하고 수십 만 명이 구름떼처럼 몰려들어 관람했다. 그중에는 이탈리아의 다른 지방에서 올라온 사람도 상당히 많았다. 나도 마침 그때 로마에 있었기 때문에 이런 이례적인 행사를 놓칠 수 없어서 군중 속으로 끼어들었다.

해가 서서히 저물 무렵 드디어 킥오프 사인이 나고 시합이 시작되었다. 결승전치고는 경기가 좀 지루했지만 어쩌다가 해설자와 아나운서의 목소리가 상기될 때마다 이탈리아 국기를 흔드는 관중들의 응원 소리는 지축을 흔들듯 포효하면서 천지에 울려 퍼지곤 했다. 열광하는 수많은 관중들 틈에 서서 단결이 잘 안 되는 이탈리아 사람들을 깃발 아래 하나로 결속시키는 것은 다름 아닌 축구라는 사실을 충분히 느낄 수 있었다.

이곳에 몰려온 사람들 중에는 외국인 관광객들도 상당히 많이 있었

2006년 월드컵 중계를 지켜보기 위해 치르코 맛시모 유적지에 구름떼처럼 몰린 이탈리아 사람들

다. 그들 상당수는 축구 중계보다는 사람들이 모여 열광적으로 응원하는 축제의 광경을 보고 싶어 온 것이었을 게다. 이 기회를 이용하여 혼자 온 외국 여자들에게 다가가 한 건 올리려는 이탈리아 남자들도 꽤나 눈에 띄었다. 내 옆에는 폴란드에서 온 젊은 남녀가 있었는데 어쩌다가 눈이 마주치어 서로 말을 주고받게 되었다. 내가 만약 이탈리아 남자였다면 폴란드 남자는 꽤나 경계를 했을지도 모르겠다. 이들은 내가 한국

사람임을 알자마자 대뜸 질문부터 했다.

"그런데 말이죠. 아니, 한국에도 유대인이 있습니까?"

이런 질문을 하는 것을 보니 틀림없이 이들은 유대계 폴란드 사람인 모양이었다.

"한국에 체류하는 서양 사람들 중에 유대계가 있을 수도 있겠죠."

나의 대답에 이들은 고개를 갸우뚱거리면서 말을 이었다.

"아니, 그게 아니라……. 오늘 아침에 호텔에서 만난 한국 사람한테서 이 명함을 받았는데, 글쎄 성이 '후르'이지 뭡니까. 이건 구약성서에 나오는 유대인 성姓인데……."

"뭐, 후르라뇨? 어디 그 명함을 한번 볼까요."

허참, 세상에! 이들이 유대인이 아닐까라고 생각했던 이 한국 사람의 성은 다름 아닌 '허'씨였다. 폴란드 남녀는 허Hur를 '후르'라고 생각했던 것이다. 그런데 공교롭게도 하필 바로 이곳에서 후르 이야기가 다 오다니! 후르Hur라면 벤-후르Ben-Hur가 가장 먼저 생각난다. 물론 이것을 영어식으로 읽으면 '벤허'가 되겠지만. 벤ben은 '-의 아들'이란 뜻이다. 그러니까 영어식으로는 피터슨Peterson이나 존슨Johnson 등과 같은 성에서 볼 수 있는 -son에 해당하는 말이다.

「벤허」라면 윌리엄 와일러가 감독한 유명한 영화가 생각나지 않을 수 없다. 이 영화 속에서 압권을 이루는 장면은 뭐니뭐니 해도 손에 땀을 쥐게 하는 전차 경기이다. 바로 이 들판이 2000년 전에 전차 경기를 볼 수 있던 곳이었다. 이 넓은 공터는 로마 제국에서 최대의 규모를 자랑하던 키르쿠스 막시무스Circus Maximus가 있던 곳이다. 현재 이탈리아 사

치르코 맛시모의 유적. 영화 「벤허」에서처럼 손에 땀을 쥐게 하는 전차 경기가 바로 이곳에서 펼쳐졌다.

람들은 옛날식 표기를 쓰지 않고 치르코 맛시모Circo Massimo라고 부른다. 우리말로는 '대경기장' 쯤으로 번역할 수 있겠다.

고대 로마의 스포츠, 전차 경기
이 경기장의 기원은 유피테르 신전을 착공했던 로마 왕정시대의 제5대 왕 타르퀴니우스 프리스쿠스가 통치하던 때로 거슬러 올라간다. 그는 팔라티노 언덕과 아벤티노 언덕 사이의 골짜기에 배수 공사를 하

30만 명의 관중을 수용할 수 있던 로마 제국 최대의 경기장 치르코 맛시모의 옛 모습(로마 문명 박물관)

여 테베레 강으로 물을 뽑아내고 경기장을 만들었던 것이다. 이 경기장
은 로마 제국 번영기 때 그 규모가 크게 확장되어 길이와 폭이 각각 600
미터, 200미터가 넘었고 자그마치 30만 명의 관중을 수용할 수 있었다
고 한다. 다른 기록에 의하면 38만 명을 수용할 수 있었다고 하는데 이
는 다소 과장된 것으로 보인다. 어쨌든 웬만한 도시의 인구를 한꺼번에
모두 수용할 수 있었던 엄청난 규모였음에는 틀림이 없다. 이곳에서는 9

월 4일에서 18일까지 로마 대제전Ludi romani을 비롯한 각종 큰 규모의 축제들이 열렸는데, 로마 대제전 기간 동안 절정을 이룬 것은 영화 벤허와 같은, 네 마리의 말이 이끄는 전차 경주였다. 옛날 로마 사람들은 현재 이탈리아 사람들이 축구에 미쳐있는 것처럼 전차경기를 광적으로 즐겼다. 당시의 유명한 아우리가auriga(전차 경기 선수)들의 이름이 오늘날까지도 전해지고 있을 정도이니 말이다. 당시에도 이들은 오늘날의 축구 선수처럼 대단한 인기를 누렸으며 돈도 엄청나게 벌었다고 한다.

이들 선수들의 이름과 성과는 지금도 자세히 전해지고 있다. 이를 테면 1,000번 이상 승리를 한 아우리가가 네 명이 있는데, 스코르푸스는 1,043번, 폼페이우스 에파프로디투스는 1,467번, 폼페이우스 무스클로수스는 3,559번, 디오클레티아누스는 4,462번이나 승리했다고 한다. 경기를 하다가 목숨을 잃은 젊은 선수들의 이름도 전해진다. 투스쿠스는 24살 때 56번째의 승리를 이루다 죽었으며 몰리쿠스는 20세에 죽었다고 한다. 사실 경기를 하다 사고로 죽는 경우는 생각보다 아주 적었다. 대신 관중석이 붕괴되어 죽는 사람들이 상당히 많았다고 하니 로마 제국이 자랑하던 최대의 경기장도 붕괴 사고의 오점을 남겼던 모양이다. 기록에 따르면 안토니누스 피우스 황제 때는 한꺼번에 1,112명이 죽었고, 디오클레티아누스 황제 때는 한꺼번에 자그마치 1만 3,000여 명이나 목숨을 잃었다고 한다.

이곳에는 수많은 상점과 음식점들이 들어서 있었고 점성술소와 매음굴까지 있었다. 수많은 점포가 있는 경기장 주변이니만큼 자연히 커다란 시장이 형성되어 있었는데 불에 타기 쉬운 물건이 많아 항상 화재

팔라티노 언덕(왼쪽)과 아벤티노 언덕(오른쪽) 사이 저지대에 세워진 치르코 맛시모의 유적

의 위험이 도사리고 있었다. 서기 64년 네로가 재위하던 때 바로 이곳에서 발생한 화재가 삽시간에 전시가지로 번져 로마를 초토화하고 말았다. 이 경기장도 화재로 인해 피해를 많이 본 것으로 추측되는데, 네로 황제가 그리스에서 1년 동안 체류하고 서기 68년 로마로 돌아왔을 때 다시 사용했다니 상당히 빠른 시일 내에 복구했음을 알 수 있다. 또 후세의 황제들도 경기장 건물을 확장하거나 더 멋지게 가꾸는 데에 심혈을 기울였다. 다시 말해 로마 제국의 황제들은 이곳을 상당히 애지중지했던 것이다. 전차경기야말로 민심을 잡을 수 있으며 국정에 대한 백성들의 불만을 다른 데로 돌릴 수 있는 곳이었기 때문은 아닐까? 2세기에 『황제열전』을 저술한 수에토니우스는 이것을 '빵과 키르쿠스Panis et Circus'라는 표현으로 꼬집었는데, 오늘날도 국민들을 축구경기나 축제에 미치게 하여 국정의 불만을 다른 곳으로 돌리게 하는 나라가 적지 않으니 세월이 흘러도 달라진 것은 별로 없는 모양이다.

치르코 맛시모는 5세기까지 정상적으로 사용되다가 549년을 마지막으로 황폐화에 접어들었고, 현재는 당시의 웅장했던 관중석의 구조물이 남쪽에 조금 남아 있을 뿐 그 웅대했던 모습은 모조리 사라져 넓은 공터로만 남아있다. 오늘날 이 공터에서 로마 시민들은 개를 데리고 산책이나 조깅을 하고 공을 차곤 한다. 빈 땅이라면 마구잡이로 무엇인가 세우고 채워넣어야 직성이 풀리는 사람들에게는 이 금싸라기 땅을 개발하지 않고 그냥 둔다는 것이 도저히 이해가 되지 않을 것이다. 게다가 도심에 있는 이 공터에 앉아있을 만한 카페조차 없는 데다 사람의 손길이 간 흔적도 없으니 혹자는 이탈리아 사람들은 조상의 물려준 유적이

팔라티노 언덕에 세워졌던 황궁의 폐허를 배경으로 아벤티노 언덕에서 본 치르코 맛시모

나 팔아먹고 사는 게으른 국민이라고 속단할지도 모르겠다. 하지만 로마의 역사를 음미하면서 이곳을 산책하다 보면 손을 거의 대지 않은 채로 남겨진 유적을 통해 역사의 자취를 상상하게 되는데, 어쩌면 이것이 이탈리아 사람들의 유적 보존 원칙이 아닐까 싶다. 굳이 채우려 하지 않고 비워둘 줄 아는 그들의 '동양적'인 지혜가 문득 부러워진다.

진실의 입

_진실의 입의 진실은?

로마의 혼, 테베레 강

로마의 중심부를 휘어 감고 흐르는 테베레 강은 로마가 건국된 이래로 거의 2800년 이상이 지난 지금까지 로마의 혼을 이루고 있다. 고대 로마인들은 이 강을 티베리스Tiberis라고 불렀다. 이 강에는 작은 섬이 하나 있는데, 고대 로마인들은 인술라 티베리나Insula Tiberina라고 불렀고 현재 이탈리아 사람들은 이졸라 티베리나Isola Tiberina라고 부른다. 이 섬은 길이 200미터에 폭 70미터 정도에 지나지 않지만 로마 초기 역사에서 아주 중요한 역할을 했다. 로마가 건국될 무렵 하얀 모래섬이었던 인술라 티베리나가 강을 건널 때 다리와 같은 역할을 하면서 전략적으로 매우 중요해진 것이다. 또한 경제적인 측면에서도 테베레 강을 따라 중부 내륙으로 들어가 물건을 사고파는 배들이 한 번쯤 쉬어가던 '교차로' 로서의 지리적인 장점을 갖추었다. '교차로' 란 사람들이 가는 길을 멈추고 쉬는 곳이고 다른 여행자들을 만날 수 있는 곳이며 물건뿐만 아니라 정보까지 교환하는 곳이다. 그리하여 주변에는 자연스럽게 시장이

◀ 거짓말하는 자가 진실의 입에 손을 넣으면 그 손을 삼켜버렸다는 전설이 있다.

테베레 강의 섬 이졸라 티베리나

형성되었으며 갓 태어난 로마의 경제적인 이득도 담당했던 것이다.

가축 시장이었던 포로 보아리오

테베레 강의 섬 이졸라 티베리나의 동쪽 언덕과 캄피돌리오 언덕, 팔라티노 언덕, 아벤티노 언덕 등으로 둘러싸인 강변 지역을 고대 로마인들은 포룸 보아리움Forum Boarium이라고 불렀다. 이탈리아어로는 포로 보아리오Foro Boario라고 하는데 까마득한 옛날부터 이곳에 가축 시장이 있었기 때문에 붙여진 이름이다. 즉 이 지역은 로마가 도시로서의 골격이 갖추어지기 전부터 이미 주변에 살고 있었던 라틴인, 사비니인,

에트루리아인들이 교역하던 곳이었다는 얘기다. 로물루스는 바로 이 지역을 관할하는 곳에 나라를 세웠으니 참으로 길목 좋은 곳에 자리를 잡은 셈이다.

시장이 서쪽이 아닌 동쪽 강변에 형성된 이유는 무엇보다도 방어 때문이었다. 서쪽 강변은 너무 열려 있어서 방어하기가 힘든 반면 동쪽 강변은 캄피돌리오 언덕, 팔라티노 언덕, 아벤티노 언덕 등이 둘러싸고 있어서 유사시에 언덕 위로 대피할 수 있었던 것이다. 더구나 팔라티노 언덕의 북쪽에 붙어 있는 캄피돌리오 언덕은 이 지역을 바로 내려다보며 감시하기에 알맞았다. 포룸 보아리움 지역이 이미 오래 전부터 시장이나 교역장으로 사용되고 있었다는 사실은 전설을 통해서도 알 수 있다. 전설에 의하면, 이곳에서 헤라클레스가 소를 도둑맞았다고 한다. 소를 훔쳐간 도둑은 카쿠스Cacus라는 아주 교활한 목동인데(다른 전설에 의하면 카쿠스는 불을 뿜는 괴물이다) 헤라클레스가 잠든 사이 소의 꼬리를 잡고 자기 동굴 안으로 끌고 갔다. 소가 뒷걸음을 쳤으니 소의 발자국만 보고는 행방을 알 수 없을 거라고 생각했던 것이다. 그렇지만 헤라클레스는 그의 잔꾀를 알아채고 그를 잡아 처단했다. 소를 도둑맞은 곳에 헤라클레스는 자신을 위하여 아라 막시마Ara Maxima(최고의 제단)를 세웠다고 한다. 그러니 로물루스가 팔라티노 언덕을 중심으로 주변에 성곽을 쌓기 전부터 헤라클레스의 제단은 존재했던 것이다.

로마는 헤라클레스의 제단에 상인들이 바치는 헌금으로 짭짤한 수입을 올렸다. 헌금을 바친 상인들 역시 로마의 보호 덕택에 물건을 도둑맞지 않고 안전하게 보관할 수 있었다. 즉, 헌금은 일종의 보호세였던

기원전에 세워진 헤라클레스 신전과 포르투누스 신전

것이다. 이리하여 포룸 보아리움은 더 큰 '국제 물류 센터'로 발전할 수 있었고 신생 로마가 경제적으로 발전할 수 있는 원동력이 되었던 것이다. 그 후 로마가 발전하면서 이 지역에는 테베레 강 하구의 항구 오스티아Ostia에서 배로 운반되는 곡물, 올리브기름, 포도주 등을 싣는 선착장이 생겼다. 이때 항구의 신 포르투누스에게 바쳐진 신전이 세워졌다. 이 신전은 그 후 기원전 2세기 후반에 복원된 이래 원래의 모습을 그대로 간직하고 있다.

진실의 입을 찾는 사람들

포르투누스 신전 바로 남쪽, 우아한 코린토스식 기둥으로 둘러져있는 원통형의 헤라클레스 신전은 로마에 현존하는 대리석 건축으로서는 가장 오래된 것으로, 지중해에서 올리브기름 무역으로 부자가 된 한 상인이 거금을 기부하여 세운 것이라고 한다. 건축 연대는 기원전 179년에서 142년 사이로 추정되니까 로마가 카르타고를 제압하고 나서 지중해의 패권 국가가 되었을 때이다. 이 신전은 포로 로마노에 있는 '베스타 신전'과 형태가 너무나도 비슷하여 잘못 혼동되어 알려지기도 했다.

그런데 길 건너편의 유서 깊은 산타 마리아 인 코스메딘Santa Maria in Cosmedin 성당 앞에 사람들이 유별나게 많이 몰려 있다. 이 성당이 처음 세워진 것은 8세기경이다. 동방의 비잔티움에서 성상 파괴가 한창일 때 박해받던 그리스 신도들이 로마에 건너와 이곳에 터전을 잡은 것이다. 당시 성당 안은 화려하게 장식되었기 때문에 '코스메딘'이란 말이 붙여졌는데, '코스메딘'이란 그리스어에서 유래된 말로 화려한 장식을 뜻한다. 화장품을 영어로 코스메틱스cosmetics이라고 하는 것을 보면 쉽게 이해가 되겠다. 물론 당시의 기준으로 평가한 것이겠지만 훨씬 화려한 성당이 로마 곳곳에 널려 있으니 지금 보기에 이 중세 성당의 모습은 그저 수수하기만 하다. 나중에 높다란 로마네스크식 종탑이라도 옆에 덧붙여졌으니 망정이지 그러지 않았더라면 눈에 띄지도 못했을 것이다. 사실 이 성당은 바로 까마득한 옛날 헤라클레스 제단이 있던 자리에 세워진 것이다. 그러고 보면 성당 뒷길에 '헤라클레스 최고제단의 길Via Ara Massima di Ercole'이라는 이름이 괜히 붙여진 것이 아니리라.

이 수수한 성당 입구에는 카메라를 든 사람들이 항상 줄을 서 있다. 성당 안에 들어가 그리스어로 진행되는 미사에 참석하려고 기다리는 행렬은 아니다. 현관 왼쪽 구석에 세워둔 '진실의 입Bocca della Verità'이라 불리는, 둥근 대리석판에 괴물 같은 형상이 조각된 그 입에 손을 한 번 집어넣고 기념사진을 찍기 위해서이다.

이 둥근 대리석판의 지름은 사람의 키와 맞먹는 약 175센티미터이고 두께는 약 20센티미터이다. 괴물의 조각은 언뜻 보기에 사자처럼 생긴 얼굴을 하고 있다. 또 머리에는 기나긴 세월의 흐름 속에 닳고 닳아서 반들거리는 표면에 두 개의 뿔이 있었던 것 같은 흔적이 희미하게 남아있다. 그 앞에 줄을 선 사람들은 적어도 100명은 되는 것 같다. 한 사람 당 한번 미소 지으며 멋지게 폼 잡고 사진 찍는데 15초 정도 걸린다고 계산해도 평균 30분은 기다려야 한다. 그래도 관광객들은 계속 몰려온다. 아니, 길 건너편에 예수 그리스도가 이 세상에 오기도 훨씬 전에 세워진 포르투누스 신전도 있고 헤라클레스 신전처럼 서양 건축사에서 늘 언급되는 고건축까지 있는데 뭐 그리 대단한 괴물 얼굴이라고 이렇게들 끊임없이 몰려오는 것일까? 주변을 아무리 둘러보아도 이곳이 유명한 장소임을 알리는 허름한 표지판 하나 없다. 그럼에도 전 세계에서, 그것도 모두들 '알아서' 이곳을 찾아 몰려오다니!

사진을 찍고 있는데 성당 바깥까지 길게 늘어선 사람들 앞에 지팡이를 쥐고 보따리를 짊어진 웬 남루한 노파가 나타났다. 노파는 어디서 노숙을 하는 듯 백발이 제멋대로 흐트러져 있었다. 그는 줄을 서있는 사람들을 째려보더니 지팡이를 땅 바닥에 힘껏 내리찍고는 광야의 선지자처럼 카랑카랑한 목소리로 외쳐댔다.

"이곳은 당신네들이 올 데가 아니야. 이탈리아 정치가들이 와야 해. 빌어먹을 거짓말쟁이 정치가 놈들 말이야! 그놈들 여기 한 줄로 쭉 세워놓

산타 마리아 인 코스메딘 성당 내부

고 한 놈씩 진실의 입에다 손을 집어넣어야 해. 나는 뒤에서 놈들 손목을 모두 싹둑 잘라 버릴 거야!"

이탈리아 관광객 몇은 히히덕거리며 노파에게 박수까지 보냈다. 아마도 노파가 쏟아놓은 독설이 후련하게 들렸다는 모양인데……. 우리의 눈에는 모두 행복하게 살아가는듯 보이는 지중해 연안 사람들이지만 막상 깊게 이야기를 나누어 보면 별로 그런 것 같지도 않다. 특히 이탈리

진실의 입이 있는 산타 마리아 인 코스메딘 성당에는 늘 관광객들이 줄을 서 있다.

아 사람들 치고 답답한 국내 정치에 불만을 품지 않은 사람이 거의 없다. 또 이들은 하나 같이 이탈리아에서 사는 것은 엄청난 스트레스라고 토로한다. 어쩌면 이 노파는 국내 정치에 대한 불만과 스트레스가 쌓이고 쌓여 마침내 이성을 잃은 것인지도 모른다. 하지만 이곳을 찾아오는 외국 관광객들은 노파가 정치가들에게 퍼부어대는 욕설을 이해하지도 못하거니와 남의 나라의 정치가 어떻게 돌아가든 말든 별로 관심이 없다. 오로지 낭만을 파는 영화를 보고 마법에 걸린 것처럼 꿈을 찾아왔을 뿐이다.

윌리엄 와일러가 감독하고 그레고리 펙과 오드리 헵번이 주연한 「로마의 휴일」은 1953년에 만들어진 미국 영화이다. 하지만 그 배경이 로마가 되었으니 로마 사람들은 반세기 이상 이 영화의 덕을 톡톡히 보고 있는 것이다. 세상 물정을 모르는 청순한 공주(오드리 헵번)가 보는 앞에서 미국 기자(그레고리 펙)가 진실의 입 안에 손을 집어넣었다가 빼는데, 손을 소매 안에 집어넣고 마치 잘린 시늉을 하며 장난을 친다. 이때 공주가 깜짝 놀라던 장면은 영화를 본 사람들의 뇌리에 깊게 남았으리라. 사실 이 장면은 원래의 대본에는 없었던 것으로, 감독이 현장에서 즉흥적으로 만든 것이라고 한다.

이 둥근 대리석판에 새겨진 얼굴은 강의 신 플루비우스 또는 대양의 신 오케아누스라고 전해진다. 강의 신이든 대양의 신이든 어쨌든 물과 관계가 있는 신이다. 다시 말해 이 진실의 입의 원래 용도 역시 물과 밀접한 관계가 있었다는 얘기다. 그런데 어쩌다 이것이 '진실의 입'이 되었을까? 이는 아우구스투스 시대의 문호 베르길리우스가 어디서 한

번 읊은 이야기를 근거로 중세 때 만들어진, 거짓말쟁이가 손을 넣으면 그 손을 삼켜버렸다는 전설에서 기인한다. 사실 권모술수에 능한 중세의 권력자들은 이를 악용해 대리석 뒤에 숨어 있다가 꼴 보기 싫은 이의 손을 잘라 버렸다고도 한다. 기록에 따르면 진실의 입이 이 자리에 처음 놓인 것은 1632년이라고 한다. 그런데 기독교의 입장에서 이교도 신의 모습을 하고 있는 '진실의 입'이 어째서 거룩한 기독교 성전 입구에 놓인 것일까? 이교도신이고 뭐고 간에 거짓말하지 말라는 기독교의 메시지를 강하게 주기 위해서였을까?

진실의 입은 맨홀 뚜껑?

진실의 입은 도대체 무슨 용도로 만들었을까? 거짓말 탐지기는 물론 아니다. 일반적으로 진실의 입은 고대 로마 하수도의 맨홀 뚜껑이었다는 설이 있다. 그래서인지 눈, 코, 입을 자세히 살펴보면 물이 하수도로 빠질 수 있는 홈이 파여져 있는 것 같기도 하다. 그렇다면 왜 이런 설이 나왔을까?

이 지역은 로마 시내 곳곳에서 흘러온 하수가 한데 모여 테베레 강으로 흘러가던 곳이다. 좀 더 정확히 말하자면 길 건너편에 있는 헤라클레스 신전 바로 아래로 클로아카 막시마Cloaca Maxima라는 하수도가 관통하여 테베레강으로 빠져나간다.

이 하수도의 기원은 까마득한 옛날 로마 왕정 시대의 마지막 왕인 제7대 왕 타르퀴니우스 수페르부스(기원전 534~510) 시대까지 거슬러

올라간다. 그러니까 지금부터 2500여 년 전, 수도 로마를 '초현대식'으로 개발하기 위해 도시의 각 지역을 연결하는 엄청난 하수도 망을 건설했는데 이것이 바로 클로아카 막시마이다. 이 하수구의 높이와 폭은 짐을 가득 실은 마차가 한 대 지날 수 있을 정도였으며 지금도 부분적으로 사용되고 있다. 헤라클레스 신전 뒤편 강둑 아래에는 테베레 강으로 빠지는 출구가 보인다. 그렇다면 진실의 입은 클로아카 막시마를 덮는 맨홀 뚜껑이었을 수도 있다는 생각이 든다. 하지만 보면

아벤티노 언덕에 있는 분수. '진실의 입'은 원래 이와 같은 분수용 조각이 아니었을까 짐작된다.

볼수록 진실의 입은 머릿속에 여러 가지 의문을 남긴다.

첫째, 물이 빠져 들어갈 수 있는 구멍은 오로지 2개의 눈, 2개의 콧구멍, 그리고 입뿐인데 넓은 얼굴에 비해 배수 구멍이 차지하는 면적이 너무 작다. 하수도 뚜껑이 꼭 배수 기능을 완벽히 갖추어야 한다는 법은 없다손 치더라도 두 번째로 의문이 가는 것은 진실의 입의 표면이다. 하수도 뚜껑이라면 분명 수평으로 뉘여 있었을 텐데, 아무리 저부조이긴

◀ 진실의 입은 지름 1.75미터에 무게는 1.5톤이 넘는다.

▲ 테베레 강 건너편에서 본 클로아카 막시마의 출구. 제방 너머 원통형 헤라클레스 신전과 산타 마리아 인 코스메딘 성당의 종탑이 보인다.

◀ 테베레 강 제방 아치아래 고대 로마의 대하수도 클로아카 막시마의 출구가 보인다.

해도 대리석판에 새겨진 얼굴은 굴곡이 너무 심해 무심코 그 위를 걷다가는 발이 코에 걸려 넘어지기 십상이다.

셋째, 아무리 이탈리아가 대리석이 풍부하다고는 하지만 아무데나 판다고 대리석이 나오는 것은 아니며 예나 지금이나 대리석은 값비싼 돌이다. 하물며 진실의 입은 이탈리아산도 아닌 그리스 수입품 대리석으로 만들어졌다. 과연 하수도 뚜껑으로 값비싼 대리석을 쓸 필요가 있었을까?

넷째, 지름이 175센티미터나 되고 무게가 자그마치 1.5톤이 넘는 진실의 입은 하수도 뚜껑치고는 너무 크고 무겁다. 이런 하수도 뚜껑이라면 한 번 열고 닫을 때마다 적지 않은 인원이 필요했을 텐데 매사에 실용성을 추구했던 옛날 로마 사람들이 과연 이렇게 비실용적인 디자인을 채택했을까?

그렇다면 진실의 입은 무엇이었을까? 내 생각에는 옛날 로마의 부유한 귀족 저택 안마당을 장식하던 분수용 조각이 아니었을까 싶다. 예로부터 둥근 대리석 판에 대양의 신의 얼굴을 조각하고 입에서 물을 뿜어내는 모양의 분수가 종종 있었으니 말이다. 하지만 그래도 의문이 남기는 마찬가지다. 진실의 입의 진실은 과연 무엇일까?

빗토리오 에마누엘레 2세 기념관

_스캔들에 휘말린 이탈리아 통일 기념관

현대 로마의 구심점, 베네치아 광장

이탈리아의 도시에 대해 이야기할 때, 첸트로 스토리코centro storico라는 표현을 먼저 알아둘 필요가 있다. 문자 그대로 해석하면 '역사의 중심'이란 뜻인데, 더 쉽게 말하면 옛날 성벽 안에 옛 건물과 옛 시가지가 그대로 보존되어 있는 지역을 가리킨다. 서울로 치면 4대문 안쪽 지역에 해당한다고나 할까. 그러나 과거의 흔적이라곤 거의 볼 수 없는 서울과는 달리 로마의 첸트로 스토리코에는 지난날의 역사가 생생히 살아 숨쉬고 있다. 로마의 첸트로 스토리코는 기원전 8세기 중엽부터 12세기동안 지속된 〈고대 로마〉, 그 후 10세기 동안 계속된 〈중세 로마〉, 그후 4세기 동안 계속된 〈르네상스와 바로크 로마〉, 이탈리아의 통일부터 지금까지 1세기 동안 이어지는 〈현대 로마〉 등 역사를 달리하는 4개의 로마가 공존하고 있다. 이런 복합적인 도시는 세계 어느 곳에서도 찾아볼 수 없다. 첸트로 스토리코의 기능은 단지 '열린 박물관'으로서 끝나는 것이 아니다. 오늘날에도 첸트로 스토리코에는 의사당, 대통령 궁

◀ 통일 이탈리아 왕국의 초대왕 빗토리오 에마누엘레 2세의 거대한 기마상은 이탈리아 통일기념관의 구심점을 이룬다.

이탈리아 통일 기념관 위에서 북쪽으로 본 로마 시가지. 베네치아 광장 너머로 '르네상스와 바로크 시대의 로마'가 펼쳐져 있다.

등을 비롯하여 고급스러운 상가들이 밀집되어 있다. 정치, 경제, 문화, 종교 등 현대 도시의 생활에서도 구심점 역할을 하기 때문이다. 그러나 첸트로 스토리코 안에서 기존의 도시 분위기를 해치는 어떠한 행위도 용납되지 않는다. 심지어 조그만 간판을 하나 달 때도 매우 까다로운 디자인 심의를 거쳐야 한다. 따라서 매일의 도시 생활 속에서 역사가 생생하게 살아있을 수 있는 것이다. 로마의 첸트로 스코리코의 지리적인 중심은 캄피돌리오 언덕 바로 북쪽 면에 있는 널찍한 베네치아 광장이다. 이 광장의 이름은 이곳에 있던 초기 르네상스 시대의 건물인 베네치아

궁에서 유래했는데, 이곳은 베네치아 공화국의 대표부 건물이었다. 무솔리니는 바로 이 건물 발코니에서 광장에 모인 수많은 군중을 내려다보며 제2차 세계대전 참전을 선언하기도 했다. 이 베네치아 광장으로부터 남쪽으로는 고대 로마의 유적이, 북쪽으로는 중세, 르네상스, 바로크 시대의 로마가 펼쳐진다.

이탈리아의 통일, 리소르지멘토

베네치아 광장에 들어서면 눈부시게 희고 웅장한 대리석 건물로 시선이 쏠린다. 이 건물은 고대 그리스나 로마의 신전과 같은 모습을 하고 위압적인 덩치로 시가지의 분위기를 압도하고 있다. 그 규모로 봐서는 콜로세움이나 베드로 대성당도 충분히 압도할 수 있을 것 같다. 이 건물이 말하자면 '이탈리아 통일 기념관'이다. 그런데 이탈리아에서는 '통일 기념관'이라고 부르지 않고, '빗토리오 에마누엘레 2세 기념관' 또는 간단히 '빗토리아노Vittoriano'라고 부른다. 빗토리오 에마누엘레 2세 Vittorio Emanuele II는 이탈리아 통일의 구심점이 된 통일 이탈리아 왕국의 초대왕이었다. 이탈리아에서는 '통일'이라는 말 대신에, '다시 솟아남'이라는 뜻의 명사 리소르지멘토risorgimento를 주로 쓴다. 이탈리아 사람들이 '통일'이라는 평면적인 표현 대신 부활의 뜻을 담고 있는 '리소르지멘토'라는 표현을 쓰는 것은 과거의 찬란했던 역사를 다시 이어가겠다는 의지이다. 이 기념관의 남쪽에는 과거 로마 제국의 영광을 대변하던 콜로세움이 보인다. 이 기념관은 지금은 돌덩어리로 변해버린 로마 제국의 유적들을 배경으로 우뚝 솟아 '리소르지멘토'의 의미를 더욱 실감 나게 한다.

이탈리아는 로마 제국이 멸망한 후 갈기갈기 찢겨져 외세의 지배를 받다가 1861년 우여곡절 끝에 토리노를 수도로 하여 부분적으로나마 통일 이탈리아 왕국을 성립하였다. 그리고 마지막까지 교황령으로 남아 저항하던 로마가 1870년 이탈리아 통일군에게 완전히 백기를 들면서 이탈리아는 완전한 통일을 이룬 것이다. 그 옛날 팔라티노 언덕의 조그만 촌락에서 시작하여 주변의 땅을 하나씩 점령하고 이탈리아 반도까지 모두 흡수한 로마가 그로부터 2200여 년 후에는 도리어 이탈리아에 흡수되었으니 이것도 역사의 아이러니라고 할 수 있지 않을까.

한편, 당시 수많은 성직자들이 통일군에게 박해를 당했다고 은밀히 전해지는데, 사실 보통 사람들은 그에 대한 자세한 내막을 전혀 모른다. 또 그에 대한 이야기는 지금도 이탈리아 역사 교과서에 한 줄도 실려 있지 않으며 언론 보도 역시 자제하고 있는 것 같다. 이탈리아의 통일과 국민 대통합을 위해 과거의 아픈 상처를 굳이 건드리지 않고 덮어 두려는 것일까?

통일 기념관 건축 대소동

통일 기념관! 나는 그 앞에 서서 장차 언젠가 세워질 우리나라 통일기념관을 염원해 본다. 남북으로 분단되어 있는 우리의 입장에서 보면 정말로 간절히 원할 수밖에 없는 건축물이 아닌가. 그런데 대한민국 통일 기념관을 짓기 위하여 현상 공모를 했는데 1등 당선자가 한국이 아니라 중국이나 일본 건축가라면 어떻게 될까? 아마 삼천리 방방곡곡 난리가 날 것이다. 다른 것은 몰라도 우리 정서상 그것만은 받아들이지 못할 것이니 말이다. 그런데 이와 비슷한 일이 바로 로마에서 실제로 있었다. 1878년에 빗토리오 에마누엘레 2세가 서거하자 1880년 이탈리아 정부는 그를 기념하는 거대한 기념관을 지대가 높은 현재의 레푸블리카 광장 쪽에 세우기로 하고 설계 공모전을 열었다. 그런데 큰 문제가 생겼다. 심사 결과 1등 당선작이 이탈리아 건축가의 작품이 아니라 폴느노라는 프랑스 건축가의 작품이었던 것이다. 국적을 따지지 않고 오

네 마리의 말이 이끄는 마차에 올라탄 승리의 여신상. 20세기 초반 이탈리아 조각의 진수를 보여주는 작품 중 하나이다.

거대한 빗토리오 에마누엘레 2세의 기마상은 로마의 스카이라인을 지배하는 듯하다. 멀리 베드로 대성당의 거대한 쿠폴라가 보인다.

로지 제출된 작품만 보고 당선작을 선정했으니 어쨌든 심사만큼은 아주 공정했던 모양이다.

결국 심사 결과가 발표되자 이탈리아 전국이 발칵 뒤집혔고 프랑스 건축가에게 얼마나 배상을 했는지는 모르지만, 1차 현상 설계를 없었던 일로 한 다음 1882년 2차 공모전을 열었다. 그러려면 애초에 뭣 하러 국제 공모전을 했는지……. 1차 때와는 달리 2차 공모전 때 선정된 부지는 유서 깊은 캄피돌리오 언덕의 북쪽 면이었고 참가 자격은 이탈리아 건축가로 엄격히 제한되었다. 이 현상 설계에서 삭코니G. Sacconi라는 서른 살 남짓한 젊은 건축가의 작품이 자그마치 300여 명의 경쟁자를 물리치고 1등으로 선정되었다. 그는 로마 근교 티볼리의 헤라클레스 신전과 팔레스트리나의 포르투나 신전과 같은, 산허리에 계단을 두고 테라스식으로 세워진 거대한 고대 로마의 신전에서 영감을 받아 웅장한 포룸과 같은 기념관을 구상한 것이다. 건립 초석은 1885년에 놓였고 공사가 진행되면서 설계가 부분적으로 여러 번 변경되었다. 건축가 삭코니는 완성을 보지 못하고 1905년에 죽고, 그 후에는 다른 이탈리아 건축가들에 의하여 마무리가 되었는데, 착공된 지 26년이 지난 1911년 6월 4일, 통

빗토리오 에마누엘레 2세 기마상 완성 후 관계자 및 조각가, 주물공들이 모여 파티를 연 이곳은 다름 아닌 청동 말의 뱃속이다.

조국의 제단이 있는 테라스, 그 너머로 트라야누스 황제의 원기둥이 보인다.

일 이탈리아 왕국 성립 50주년을 기념하는 해였다. 그리고 보면 이 기념
관은 20세기 초반에 완성되었으니 로마의 첸트로 스토리코 지역에서는
아주 새 건물에 해당한다. 또 당시 이탈리아 전역에서 선발된 내로라하
는 조각가들의 작품으로 온통 도배되다시피 했으니 19세기 말부터 20세
기 초까지의 이탈리아 조각 예술의 진수를 보여주는 최대의 옥외 조각
공원이라 불러도 과언이 아니다.

통일 기념관 한가운데에는 빗토리오 에마누엘레 2세의 거대한 청동 기마상이 있다. 이 기마상은 당시 전국에서 모인 예술가들이 제작한, 이탈리아의 지방과 도시들을 상징하는 조각과 부조들을 배경으로 북쪽을 바라보고 서 있다. 왕이 올라탄 청동 말은 얼마나 큰지 조각가들과 주물공들이 청동 말의 뱃속에서 성대한 파티를 했을 정도였단다. 한편 이 웅장한 기념관의 가운데에 있는 계단은 조국의 제단으로 연결된다. 이 제단은 원래 설계에는 없는 것이었으나 제1차

로마를 상징하는 여신 아래 안치된 무명용사의 묘소를 두 명의 보초가 지키고 있다. 그 앞에는 영원히 꺼지지 않는 불이 타오르고 있다.

세계 대전 참전 용사들의 제의로 1921년 첨가되었다. 이곳에는 제1차 세계 대전 중에 전사한 무명용사의 묘가 있고 두 명의 보초가 '영원히 꺼지지 않는 불'을 지키고 있다. 그러니까 이 기념관은 이탈리아의 근대사를 증거하는 신성한 건축물인 셈이다. 이 기념관 내에서는 이곳의 신성함을 지켜야 한다. 가령 담배를 피우거나 음식물을 먹거나 계단에 주저앉는 행위 등은 엄격히 금지되어 있다.

통일 기념관 철거 논란

로마를 찾는 수많은 외국 관광객들은 이 기념관을 보고 그 웅장함에 찬탄을 아끼지 않으며 기념사진을 찍곤 한다. 또 계단을 따라 올라가면 로마 시가지의 전경을 감상할 수 있는 높은 테라스가 있어서 많은 사람들이 이곳을 찾는다. 그런데 예술의 나라 이탈리아에서 이 '웅장하고 멋있는 기념관'이 20세기 건축 가운데 가장 욕을 많이 먹는 건축물로 손꼽힌다고 한다. 그러니까 건축에 대하여 일가견이 있는 로마 사람들은 아주 냉담한 반응을 보이고 있다는 얘기이다. 길고 스케일이 크다고 해서 좋은 음악이 되지 않는 것처럼 웅장하다고 훌륭한 건축이 되는 것은 아니다. 게다가 우리나라에서 평가 기준으로 삼는 '튼튼하게 지어졌다는 것'은 이곳에서는 전혀 관심사가 되지 않는다. 건축이란 당연히 그래야 되니까 말이다.

로마 사람들은 기념관의 모양을 보고 '올리벳티 타자기'를 닮았다며 비꼬기도 하고 잘라 놓은 결혼 케이크 같다며 빈정거린다. 물론 이 기념관이 이탈리아의 근대사를 생생하게 증거한다는 것에 대해서는 시비를 걸지 않는다. 그렇지만 왜 하필 이곳에 하필이면 이런 식으로 세웠느냐며 의아해 한다. 이유를 들어 보니 먼저 이 기념관은 북부 이탈리아의 브레샤Brescia에서 나는 하얀 돌로 치장되어 있는데, 고대 로마 시대부터 수도 로마에서 주로 사용하던 티볼리산産 돌 트라베르티노travertine와는 색조가 전혀 다르다는 것이다. 사실 새하얗게 빛나는 이 건물은 황갈색 색조로 통일된 로마의 전체적인 분위기와는 어울리지 않는다. 뿐만 아니라 이 기념관은 이탈리아 통일 후 과대망상증에 사로잡힌 집권층의 이상을 반영한 듯하며, 독재 권력을 과시하는 인상을 주기 때문에 로마 사람들의 정서에 전혀 맞지 않는다는 비판도 있다. 사실 이 기념관에 대한 논란은 끝이 없다. 그 중에서 특히 강도 높은 지적은 이 기념관이 캄피돌리오 언덕을 완전히 가리고 있다는 것이다. 사실, 주변의 역사적인 분위기와 도시적인 맥락을 무시한 채 지나치게 웅장하게 세워진 이 건축물로 인해 캄피돌리오 언덕은 유난히 왜소해 보인다. 주변에 있는 고층빌딩들 때문에 빛을 잃은 국보 제1호 숭례문과도 마찬가지이다.

캄피돌리오 언덕은 거의 3000년동안 로마 역사의 정신적 구심점이 되어 왔다. 그래서 로마로 입성하던 개선 행렬도 캄피돌리오 언덕을 향하곤 했던 것이다. 이탈리아의 통일을 완성한 빗토리오 에마누엘레 2세도 북쪽에서 캄피돌리오 언덕을 향하여 로마로 입성하였다. 16세기에 미켈란젤로가 인간의 척도를 기본으로 하여 설계한 조그만 캄피돌리오 광장은 건축적으로나 조각적으로 훌륭할 뿐 아니라 도시학적으로도 로마의 역사적인 맥을 교묘히 연결시키는 뛰어난 작품이다. 그러나 웅장한 통일 기념관이 세워지는 바람에 캄피돌리오 광장 역시 뒷전으로 밀리고 말았다. 게다가 캄피돌리오 언덕 부근의 미켈란젤로가 살았던 집역시 헐리어 없어지고 말았다.

이탈리아에서 건물을 철거하는 일이란 극히 드물다. 더구나 역사성이 있는 건물의 경우 아무리 하찮은 것이라도 복구하여 보존하는 것이 상례이다. 그럼에도 이 통일 기념관을 철거하자는 논란이 한동안 건축 평론가들과 뜻있는 지식인들에 의하여 강력히 제기되었다. 하지만 통일 기념관 철거론이 확산된다 하더라도 철거가 현실화될 가능성은 극히 희

이탈리아 통일을 상징하는 빗토리오 에마누엘레 2세 기념관의 야경

비아 델 코르소 거리에서 본 통일 기념관. 캄피돌리오 언덕은 기념관에 가려 보이지 않는다.

박해 보인다. 더군다나 요즘과 같이 북부 이탈리아 분리를 외치는 북부 연맹 레가 노르드Lega Nord가 목청을 높이고 있는 상황에서 통일기념관 철거론은 금기시되고 있다. 그렇다고 하더라도 이 통일 기념관을 장구한 로마 역사의 일부분으로 그냥 두어 굳혀야 할지, 아니면 이것을 헐고 신성시되어 왔던 캄피돌리오 언덕의 제 모습을 되찾아야 할지는 앞으로도 논란이 될 것이다.

　　우리의 입장에서 보면 이러한 논란은 정말이지 배부른 소리로 들린다. 다른 것은 몰라도 우리가 가장 짓고 싶은 건축물이 바로 '대한민국

▶ 웅대한 규모의 통일 기념관 양쪽에 새겨진 문구인 '조국의 통일'과 '시민들의 자유'가 이탈리아의 통일 이념을 말해준다.

통일 기념관' 이기 때문이다.

  나의 눈길은 기념관 상부에 병풍처럼 펼쳐져 있는 기둥 양쪽 끝 윗 부분으로 향한다. 양쪽에는 네 마리의 말이 이끄는 개선마차를 탄 승리 의 여신 빅토리아가 로마의 하늘로 날아갈 듯하다. 그 아래에 각각 라틴 어로 〈PATRIAE UNITATI〉, 〈CIVIUM LIBERTATI〉라고 이탈리아 통일의 이상을 간결하게 표현한 문구에 시선이 자꾸만 멈추어진다. 우리말로 번역하자면 〈조국의 통일〉, 〈시민들의 자유〉이다. 사실 통일이 시민들 의 자유를 보장하지 못한다면 무슨 의미가 있겠는가?

  신성함이 느껴지는 빗토리오 에마누엘레 2세 기념관의 계단을 내 려오며 언젠가 우리나라에 세워질 통일 기념관을 꿈꾸어 본다.

트레비 분수
_사랑의 샘과 이름 모를 처녀

분수의 도시, 로마

로마의 광장과 길을 거닐다 보면 묘한 재미가 있다. 오랜 역사와 전설을 간직한 유적과 시대와 양식이 다른 건축, 조각, 기념비들은 서로 중첩되어 있으면서도 이질감을 주지 않으며, 크고 작은 분수는 골목길을 돌 때마다 발길을 멈추게 한다. 그러다가 갑자기 시야와 가슴을 한껏 열어 주는 광장이 펼쳐지면 감격의 눈물이 왈칵 쏟아질 것만 같다.

로마에는 분수가 무수히 많다. 광장마다 건물 모퉁이마다 크고 작은 분수들이 물을 뿜으며 기쁨과 활력을 선사하고 있다. 지구상에서 로마만큼 분수가 많은 도시는 아마 없을 것이다. 그래서 한때 영국의 시인 셸리는 '로마의 분수를 보는 것만으로도 로마를 본 것과 마찬가지이다'라고까지 말했다.

로마의 첸트로 스토리코centro storico(역사의 중심지) 안에서만 역사적인 '족보'가 있는 분수를 손꼽아 보면 100개가 훨씬 넘는다. 이 분수들은 예로부터 로마를 찾아오는 순례자들의 더위를 식혀주고 목을 축여주기도

◀ 트레비 분수의 조각들

트레비 광장과 트레비 분수 전경. 이곳은 전 세계에서 몰려든 관광객으로 항상 붐빈다.

하였다. 옛날, 프로테스탄트의 강국 스웨덴의 크리스티나 여왕(1626~1689)이 왕위를 팽개치고 카톨릭으로 개종한 다음 교황청의 열렬한 환영을 받으며 로마에 입성했는데, 로마 시내 곳곳에서 물을 뿜는 분수를 보고 자기를 환영하는 행사인 줄 착각하고 이를 말렸다는 얘기도 있다.

베네치아 광장에서 비아 델 코르소Via del Corso 거리를 따라 북쪽을 향해 포폴로 광장으로 가다보다 좌우로 좁은 골목들이 실 핏줄처럼 연결되어 있다. 베네치아 광장에서 약 300미터 되는 지점에서 오른쪽에 좁은 골목길들이 있다. 이 골목길들을 따라 깊숙이 들어가면 교통이 다소 혼잡한 비아 델 코르소에서 들리던 소음들은 차츰 사라지기 시작하고, 멀리서 물소리가 조금씩 들리기 시작하여 마치 자연 속으로 인도되는 듯한 느낌이 든다. 더 깊게 들어가면 물소리는 더욱 더 커진다. 그러다가 갑자기 확 트인 공간이 눈앞에 펼쳐진다. 음악 용어를 쓴다면 크레셴도crescendo가 지속되다가 포르티시모fortissimo로 바뀐다고나 할까. 이곳이 바로 트레비 광장이다.

동전을 던지면 사랑을 찾는다

트레비 광장에 들어서면 귓가에 물소리가 가득 찬다. 황갈색의 건물로 둘러싸인 광장 내부에 물소리가 공명되고 있는 것이다. 그리고 이 광장의 북쪽면에는 남국의 강렬한 햇빛을 받아 눈부실 정도의 아름다운 하얀 대리석 돌조각들이 부서져 흘러내리는 물과 어울린다. 이곳이 바로 로마의 명물 트레비 분수이다. 일본 사람들은 언제부터인지 모르지만 이 분수를 아예 아이센愛泉 즉 '사랑의 샘'이라고 부른다.

이 분수를 한 번 보기 위해 전세계에서 종교, 언어, 문화, 사회 계급을 초월하여 수많은 사람들이 몰려온다. 낭만의 로마를 상징하는 이 분수는 로마 방문 기념사진 필수 코스로 꼽히고, 이곳에서는 일 년 내내 "자, 찍습니다. 찍어요. 분수를 등지고 던질 준비를 하세요. 하나, 둘, 셋, 던지세요.", "찰칵!" 하는 소리가 곳곳에서 들려온다.

그런데 분수에 동전을 등 뒤로 던지는 이유는 뭘까? 그것은 로마에 다시 돌아오기를 기원하기 때문이다. 물론 로마에서 소매치기나 집시에게 털려본 경험이 있거나 괜히 친구하자면서 한 잔 사겠다고 하는 사람을 따라갔다가 왕창 바가지만 썼다면 동전 던지기를 주저하겠지만……. 동전을 한 번 던지면 로마에 되돌아오게 된다는데, 만약 여러 번 던지면 어떻게 될까? 누가 지어냈는지 모르지만 두 번 던지면 사랑을 찾게 되고 세 번을 던지면 이혼이 성립된다는데 글쎄……. 동전을 두 번 던지는 사람들은 많은데 아무리 지켜봐도 세 번 던지는 사람은 안 보인다. 이혼하고 싶다고 보란 듯이 던지기에는 쑥스러운 것일까? 아니면 남몰래 와서 던지고 가는 것일까?

분수 바닥에 쌓인 동전들은 로마시에서 지정한 업체가 매일 새벽에 수거하여 카톨릭 구호단체인 카리타스Caritas에 전달된다. 수거한 동전의 액수는 하루 평균 3,000유로 정도 된다고 하는데 카리타스의 입장에서는 한 사람이 동전을 세 번씩 던지고 가면 얼마나 좋을까.

그런데 분수 안에 쌓인 동전을 노리는 자들도 있다. 이 동전은 법적으로 보면 소유자가 없기 때문에 건져가더라도 불법이 아닐 수도 있지만 분수 안에 발을 넣고 들어가는 것은 문화재 손상이라고 하여 불법이다. 이 지역을 순찰하는 경찰에 의하면 최근 들어 특히 동구권에서 밀입국한 사람들이 밤에 몰래 작대기로 동전을 낚으려 한다고 한다. 한 번은 동전을 수거하는 용역 업체의 한 직원이 모인 동전을 슬쩍 하다가 경찰에 발각된 적도 있다.

이 분수에 동전을 던지는 관습이 언제부터 생겨난 것인지는 모르지만

▶ 로마 시에서 지정한 업체에서 수반을 청소하고 동전을 수거한다. 분수 바닥에는 하루 평균 3,000유로 정도가 쌓인다고 한다.

그 이전에는 전혀 다른 관습이 있었다. 즉, 로마 아가씨들은 애인이 군대에 입대하기 위해서나 다른 일로 멀리 떠날 때 이 분수를 찾아와 그가 꼭 돌아오기를 기원하는 의미에서 한 번도 쓰지 않은 컵으로 애인에게 맑은 분수의 물을 떠 마시게 하고는 그 컵을 주변에 깨뜨려 버리곤 했던 것이다. 만약 물이 맑지 않았다면 애인은 십리도 못가 배탈이 났을지도 모르겠다. 하지만 당시 로마에 거주하던 영국인들이 다른 곳에 가지 않고 바로 이곳에서 물을 떠다가 차를 끓여 마셨다는 것으로 보아 트레비 분수의 물은 아주 맑았던 모양이다.

처녀 수로, 아쿠아 비르고

이 분수의 물은 지금도 매우 맑다. 그런데 이 물은 그냥 일반 수도 관에서 흘러나오는 것이 아니라, 로마에서 멀리 떨어진 산악지로부터 아주 특별한 지하수로를 통해 직접 공급되고 있다. 그럼 왜 아주 특별한 지하수로라고 말할 수 있을까? 그것은 이 수로가 만들어진 지가 자그마치 2000년이 넘기 때문이다. 물론 이 수로는 로마 제국이 멸망한 다음 완전히 버려졌다가 1500년대에 다시 대대적으로 보수한 것이지만, 처음 수로가 만들어진 것은 정확히 말해 예수 그리스도가 이 세상에 오기 19년 전이니 아우구스투스가 통치하던 시대이다. 더 정확히 말하자면, 이 수로를 처음으로 계획하고 완공한 사람은 아우구스투스의 오른팔이었던 아그리파 Agrippa였다. 아그리파라면 데생을 배울 때 제일 먼저 그리게 되는 석고상이 아닌가? 사실 그는 전쟁터에서 백전백승의 장군으로 잘 알려진 인물이었고 평화시에는 요즘으로 말하면 불도저 같은 건설부 장관이었는데, 아들이 없던 아우구스투스는 그를 사위로 삼아 후계자로 점찍어 두었다.

아그리파는 이 지하수로를 완성해 놓고 자기 이름을 붙여 '아그리파의 수로'라고 하지 않고 엉뚱한 이름을 붙였다. 바로 '처녀 수로'라는 뜻의 아쿠아 비르고Aqua Virgo라고 명명한 것이다. 이것을 이탈리아식으로는 악쿠아 베르지네Acqua Vergine라고 한다. 그런데 하고 많은 이름 중에 하필 '처녀'라는 명칭이 붙게 되었을까? 혹시, 아그리파가 짝사랑하는 어느 처녀를 영원히 기리고 싶어서 그랬던 것일까? 하지만 당시 그는 이미 아우구스투스의 딸과 결혼한 몸, 즉 로마 제국 초대황제의 사위라는 엄청난 지위를 지닌 공인이었으니 함부로 대놓고 그럴 수는 없었을 거다. 그렇다면 웬 처녀? 이 '문제'의 처녀는 이름도 모르고 성도 모르며 오로지 전설에만 등장한다. 전설의 내용은 다음과 같다.

어느 더운 여름날이었다. 아그리파의 병사들이 상수원을 찾아 뜨거운 땡볕 아래서 수맥을 찾아 이리저리 헤매고 있었다. 로마 주변의 고지대에는 비나 눈이 녹아 땅 속에 스며들어 이루어진 수맥이 많다. 수원은 일반적으로 지하에 있기 때문에 지상에서는 잘 보이지 않는다. 지하에 물이 고여 있는 곳을 찾아낸다는 것이 그리 쉬운 일은 아니었기에 병사들은 더위와 갈증으로 기진맥진하여 완전히 쓰러질 지경이었다. 그때 갑자기 웬 아리따운 처녀가 신기루처럼 나타난 것이 아닌가? 녹초가 되어있던 병사들은 눈이 휘둥그레졌다. 처녀는 아무런 말도 없이 자기를 따라오라고 손짓했다. 병사들은 마치 마법에 걸린 듯 한참 처녀를 따라갔다. 얼마 후 처녀는 발걸음을 멈추고 손으로 땅바닥을 가리키더니 이곳을 파보라고 말하고 홀연히 사라졌다. 바로 그 지점에서 물이 콸콸 솟았던 것이다.

아그리파는 처녀가 병사들을 인도해 준 곳을 상수원으로 하여 그곳과 로마를 연결하는 22킬로미터의 지하수로를 건설하고 자기 이름 대신에 이 신성한 처녀를 기념하여 '처녀 수로'로 이름 붙였다. '처녀'는 순결을 의미하니 물이 그 만큼 맑다는 뜻이 아닐까?

물은 경사가 조금만 있어도 흐른다. 고대 로마인들이 세운 수로의 경사는 1킬로미터 당 25센티미터 정도였다. 즉 10미터 당 2.5밀리미터인 셈이다. 이 정도로 '아슬아슬한' 경사를 균일하게 유지하면서 20킬로미터가 넘는 지하수로를 건설할 수 있었다니 고대 로마인들의 측량 기술과 시공 기술이 얼마나 정교했는지 새삼 경탄하게 된다. 이 처녀 수로를 통해 로마

트레비 분수의 야경

에는 10만 톤의 물이 공급되었는데 아그리파는 이 물을 이용하여 로마 시내에 자그마치 160개나 되는 분수를 만들었다.

후기 바로크 시대

이러한 전설과 장구한 역사적 배경을 지니고 있는 처녀 수로를 통해 작동되는 트레비 분수는 건축과 조각과 물이 한데 어울려 역동적인 무대를 이루고 있는 후기 바로크 시대의 걸작품으로 로마를 상징하는 기념물 가운데 하나로 손꼽힌다. 트레비 광장의 북쪽에 남북으로 길게 뻗은 건물 폴리Poli 궁의 남쪽 벽면은 높이 20미터, 가로 26미터가 되는데 이 벽면은 조각들로 장식되어 있어서 마치 커다란 무대와 같은 느낌을 준다. 무대 한가운데에는 대양의 신 오케아누스가 두 마리의 말이 이끄는 거대한 조개껍데기 모양의 마차에 올라서 있고, 이 두 말은 바다의 신 트리톤이 이끌고 있다. 두 마리의 말은 각

아그리파가 수로 건설 계획을 점검하고 있다.

각 고요한 바다와 격동의 바다를 상징한다. 오케아누스의 좌우에 있는 여신 조각은 각각 풍요와 건강을 상징하며, 그 앞에 펼쳐진 넓은 수반水盤은 바다를 상징한다.

이 분수를 전체적으로 보면 공간의 구성이 격렬한 대조를 이루고 있다. 매끄럽게 깎은 돌로 된 수반이 주는 부드러운 느낌은 거칠고 울퉁불퉁한 바위와 강한 대비를 이루고 있으며 분수의 물은 작은 폭포가 되어 바다에 넘쳐흐르고 부드러운 대리석으로 조각된 바다의 신들과 사나운 군마가 그 하얀 모습을 드러 내놓고 있다. 이 광경 뒤에

한 처녀가 로마 병사들을 물이 솟는 곳으로 인도하고 있다.

는 수직의 기둥들, 좌우의 조상 그리고 육중한 돌림띠를 두른 르네상스 건물이 이 격렬하고 환상적인 무대를 고요히 조율하고 있다.

그런가 하면 벽면의 한쪽 창문은 가짜인데 꼭 진짜처럼 보이게 해 놓았다. 또 오른쪽 건물의 모퉁이는 마치 건물이 무너지는 듯이 처리하여 관찰자로 하여금 아찔함을 느끼게 한다. 이런 식으로 관찰자에게 놀라움을

주는 것은 바로크 디자인의 특징 중 하나이다.

이 분수는 이탈리아 작곡가 레스피기의 교향시 〈로마의 분수〉를 통해서도 묘사되었고, 윌리엄 와일러 감독의 〈로마의 휴일Roman Holiday〉이나 페데리코 펠리니 감독의 〈달콤한 인생La dolce vita〉등과 같은 영화를 통해서도 전 세계에 널리 알려졌다. '사랑의 샘' 트레비 분수에 관한 이야기는 지금도 계속 쓰여지고 있다. 트레비 분수가 세워지고 나서 지금까지 이 분수에 관한 이야기에 쓰인 잉크만 하더라도 수반에 넘쳐흐르는 물보다 더 많을지 모르겠다.

그런데 로마의 명물 분수가 탄생하기까지는 우여곡절도 많았다. 이곳은 세 개tre의 길via이 모이는 곳이라 트레비Trevi라는 이름이 붙은 것으로 추정되는데, 이 지역을 재개발하려던 계획은 여러 차례 있었지만 한 번도 제대로 진행된 적이 없었다. 베르니니 역시 마찬가지여서 1644년에 그가 교황 우르바누스 8세의 위임을 받고 멋진 분수를 디자인했지만 공사 비용이 엄청나서 감히 엄두도 못 내었다. 비용 충당을 위해 교황은 서민들이 마시는 싸구려 포도주에 세금을 매기기까지 하여 백성들의 원성을 샀다.

그러다가 1730년 교황이 새로 선출되고 나서 전환점을 맞았다. 피렌체 출신의 교황 클레멘스 12세는 로마를 더욱더 아름다운 도시로 변모시키고 싶었다. 그 일환으로 당시 이름 있는 예술가들을 대상으로 트레비 지역 재개발 설계 공모전을 열었다. 당선작은 알레산드로 갈릴레이의 설계안이었다. 그는 유명한 과학자 갈릴레오 갈릴레이의 집안 후손답게 수학에 뛰어난 건축가였다. 그런데 문제는 그가 로마 사람이 아니라 교황과 마찬가지로 피렌체 출신이었기 때문에 특별히 봐 준 게 아니냐는 비난이 무

관찰자에게 놀라움을 주기 위해 건물의 모서리는 마치 무너질 듯 처리했고 2층 오른쪽 끝 창문은 진짜처럼 보이도록 벽에 그렸다.

성했던 것이다. 그러자 발주측은 결정을 번복하고 로마 시민들의 여론을 고려하여 30세의 젊은 로마의 건축가 니콜라 살비Nicola Salvi의 설계안을 당선작으로 다시 선정했다. 건축가 갈릴레이가 이런 결정에 어떤 태도를 취했는지는 알 길이 없다. 하지만 로마 건축가 살비의 설계안이 선정되었다고 해서 그의 작품의 수준이 떨어지는 것은 전혀 아니었다. 사실 그의 작품은 도시 디자인 측면으로 봐서도 매우 훌륭했을 뿐 아니라, 무엇보다도 다른 계획안들에 비해 공사비가 훨씬 적게 들었기 때문에 발주측이 선호했던 것 같다.

마침내 1732년, 당시 로마 최대의 공사가 시작되었다. 그런데 일이 순조롭게 진행되면 다행이지만 건축을 하다보면 창조적인 일과는 전혀 관계없는 일 때문에 곤란을 겪게 되는 경우가 비일비재하다. 니콜로 살비 역시 뛰어난 건축가였지만 그의 재능과는 관계없는 일로 골머리를 앓았다. 가장 큰 문제는 재정난이 닥치는 바람에 공사가 순조롭게 진행되지 못한데다가 그를 밀어 주던 교황마저 1740년에 고령으로 서거하고 말았던 것이다. 그 외에도 니콜라 살비는 이런저런 시시콜콜한 일로 심한 스트레스를 받고 있었는데 그중에는 괜히 잘난 체하는 이발사도 있었다.

공사가 진행되던 당시 광장 동쪽 편에 이발소가 하나 있었는데 그곳에서 공사 진행 상황이 한눈에 보였던 모양이다. 이발사는 마치 자기가 건축 전문가인 양, 시시때때로 젊은 살비에게 다가가 사사건건 시비를 걸고 참견했던 것이다. 진력이 난 살비는 이발소 바로 앞에 큼지막한 면도용 항아리를 돌로 조각하여 말 많은 이발사의 시야를 완전히 막아 버렸다. 이제 그만 입을 다물라는 뜻이었다. 그후로 이발사는 더 이상 참견하지 않았다

CLEMENS XII · PONT · MAX ·
AQVAM VIRGINEM
COPIA ET SALVBRITATE COMMENDATAM
CVLTV MAGNIFICO ORNAVIT
ANNO DOMINI MDCCXXXV · PONTIF · VI ·

교황 클레멘스 12세가 처녀 수로를 이용하여 이 분수를 세웠다고 기록되어 있다.

고 한다. 이발소는 없어진지 오래되었지만 항아리 조각은 아직도 그 자리에 그대로 남아있다.

이래저래 사람들에게 치이던 니콜라 살비는 심한 스트레스를 받다가 제명대로 살지 못하고 결국 1751년에 세상을 떠나고 말았다. 그가 죽은 후 공사는 다시 중단되었다가 건축가이며 조각가인 판니니와 델라 발레에 의하여 1762년에 오늘날 우리가 보는 모습으로 완성되었다. 그러니까 이 분수는 착공한지 자그마치 30년 만에 완공된 것이다.

니콜라 살비는 살아 있을 때 건물 윗부분 양쪽을 장식할 두 개의 장면 즉 처녀가 로마 병정들에게 물이 있는 곳을 가리키는 모습과 아그리파 장군이 수로 건설 계획을 점검하고 있는 모습을 구상해 놓고 '불도저처럼 일을 밀어붙이는 아그리파와 같은 인물이 뒤에 있으면 좋으련만……' 하고 푸념을 했을지도 모른다. 아그리파라면 이 정도 공사쯤은 자기 돈을 털어서라도 한두 해만에 끝내도록 만들었을 테니까.

사랑의 샘에서 만난 수녀

분수를 카메라 카메라에 담으려고 하는데 누군가 스페인어로 말을 걸어왔다. 아가씨의 상냥한 목소리였다.

"죄송하지만 사진 좀 찍어 주실래요?"

옆을 돌아보니 얼굴이 아주 청순하고 앳된 수녀였다. 멀리 남미의 아르헨티나에서 왔다고 하는 이 수녀는 외국어는 한 마디도 못하며 로마 방문 역시 처음이라고 한다. 수녀는 트레비 분수를 배경으로 사진을 찍고 싶

공사에 참견하던 말 많은 이발사의 시야를 차단하기 위해 만든 항아리 조각

다면서 박물관에서나 볼 수 있는 구식 카메라를 내게 건넨다.

수녀는 다른 관광객들과 마찬가지로 동전을 뒤로 던지는 포즈를 취했다. 그런데 동전을 던지는 순간을 포착하여 셔터를 철컥 누르는 찰나, 웬 사람이 카메라 앞을 그냥 막 지나가는 것이 아닌가? 동전은 이미 분수에 던져졌으니 수녀는 다른 동전을 하나 더 꺼냈다. 나는 다시 호흡을 가다듬었다. "자 찍어요. 하나, 둘, 셋! 던지세요!" 하지만 셔터를 누르는 순간 이번에는 옆에 있던 사람이 내 팔꿈치를 건드리는 바람에 또 망치고 말았다.

항아리 조각 옆에서 본 수반과 트레비 광장

다시 한 번 더 하기로 했다. 이번에는 비교적 사람들이 없는 곳으로 자리를 옮겼다. 수녀는 세 번째 동전을 꺼내어 미소를 지으면서 나의 신호를 기다렸다. 나는 주변에 사람들의 움직임이 있는지 미리 면밀하게 살펴본 다음 카메라를 들었다.

"자, 찍어요. 준비! 하나, 두울⋯⋯" 하는 순간 "아차!" 하는 생각이 들었다. 분수에 동전을 두 번 던지면 사랑을 찾고, 세 번 던지면 이혼이 성립된다는데 벌써 세 번째가 아닌가?

　물론 수녀이니까 상관은 없겠지만 그래도 이거 동전을 던지라고 해야 하는 것일까 말라고 해야 하는 것일까?

스페인 광장

_ 명품 거리에 휘날리는 스페인 국기

VILLA BORGHESE

Via V. Veneto

Via V. Veneto

Via Sistina

BARBERINI
M

Via Barberini

a di
a

a del Tritone

a del due Macelli

Palazzo
Barberini

Via di Quattro Fontane

ana
evi

Palazzo
Quirinale

Via del Quirinale

Piazza del
Quirinale

Via Na

Via dei Serpenti

모든 사람들을 위한 무대

어느 화창한 일요일 봄날, 나는 삼위일체 성당이 있는 언덕 위에 서서 스페인 광장과 계단을 내려다보고 있었다. 주변에는 로마 지도를 들고 있는 프랑스 노인 관광객들이 몇 명 있었는데 아마도 연금을 받으며 여행하는 사람들 같았다. 그런데 술을 좀 마신 듯한 청년이 낡아빠진 기타를 들고 비틀거리는 걸음으로 그들에게 다가갔다. 그는 영어로 뭐라고 지껄이고 프랑스 노인들은 인상을 찌푸렸다. 이탈리아어 억양이 강한 그의 영어를 도저히 알아들을 수 없었거니와 입에서는 술 냄새까지 심하게 났던 모양이다. 이탈리아에는 와인을 비롯하여 별의별 술들이 많아 식사 때면 으레 와인이 곁들여진다. 그렇지만 이탈리아 사람들은 취하도록 마시지 않으니 길에서 술 취한 사람들을 보기 힘들고 술버릇이 고약한 사람들은 사회생활을 할 수 없는 병자 정도로 여겨진다.

우리 앞에 다가온 청년도 이탈리아에서는 보기 드문 술주정꾼 같았다. 이 청년은 세상이 아니꼽다는 듯 눈을 반쯤 뜨고 이해할 수 없는 영어

◀ 로마의 번화가 비아 데이 콘돗티 거리에서 본 스페인 광장의 계단

로 프랑스 관광객들에게 말을 걸었다. 노인들은 프랑스 말로 자기네는 영어를 모른다고 대꾸하였다. 그러자 청년은 프랑스 말을 구사하기 시작했다. 그런데 그 또한 제대로 배운 것이 아니고 이탈리아어를 적당히 변형시킨 것이었다. 이탈리아와 프랑스는 매우 가깝기 때문에 모음을 마치 사투리 하듯 적당히 일그러뜨리면 프랑스어 발음이 되는 경우가 많다. 가령, 이탈리아에서는 장미를 '로자rosa' 라고 한다. 이 말의 마지막 모음 '아ₐ' 를 마치 사투리하듯 '으' 로 일그러뜨리면 '로즈' 가 되는데, 이것이 바로 프랑스 발음이다. 그리고 프랑스식 표기 또한 '로즈rose' 이다. 영어권에서는 물론 '로우즈' 라고 발음한다. 로마Roma를 프랑스와 영어권에서 Rome 이라고 표기하는 것과도 같은 원리이다. 어쨌든 노인들은 마침내 청년과 어느 정도 의사소통이 되었다. 그러니까 청년의 얘기인즉슨 자기가 '오 솔레 미오'를 부를 테니 한 푼 달라는 것이었다. 노인들은 고개를 흔들며 거절하였다. 그러자 이 청년은 돌아서면서 이탈리아 말로 상스러운 욕을 내뱉었다. 그러고는 나에게 다가와 다시 영어로 지껄이기 시작하였다. 오벨리스크에 새겨진 고대 이집트의 상형문자처럼 이해하기 어려운 그의 말을 '해독' 해 보면……

　"당신네 일본 사람들은 프랑스 사람들처럼 쫀쫀하지 않은 것으로 알고 있소. 나는 이래 봬도 트라스테베레 지역의 고급 레스토랑에서 노래하는 가수라고요. 노래 한 곡을 부르면 자그마치 20유로를 받습니다. 오늘 날씨도 화창하고 해서 당신에게 오 솔레 미오를 한번 멋지게 불러 드릴테니 몇 푼만 좀 줍쇼"

　나는 아무 말도 하지 않고 미소만 지었다. 내가 프랑스 사람들과는 달

조각배 분수와 스페인 광장의 계단

리 거절하는 모습을 보이지 않자 이 청년은 기타 반주를 시작하는데 기타
역시 조율이 되어 있지 않았다. 나는 자리를 뜨지 않고 그를 지켜보았다.

드디어 이 청년은 컬컬한 목소리로 〈오 솔레 미오〉를 부르기 시작했
다. 그러자 옆에 있던 프랑스 노인들은 재미있는 구경거리라도 생긴 듯 내
가 있는 쪽으로 눈을 돌렸다. 그런데 이 청년은 잘 나가다가 중간에서 가

사를 잊어버리고 말았다. 이 노래의 가사는 나폴리 방언으로 쓰여 있기 때문에 보통 사람들은 가사의 뜻을 잘 모르는 경우가 많은 것이다. 청년은 노래를 멈추고 나에게 양해를 구하더니 가사를 생각해 내려고 애를 쓰고 있었다. 나는 그 당시에 '나폴리의 노래들'이란 제목의 글을 쓰기 위해 오래전부터 관련 자료를 나폴리에서 수집하고 있었기에 방언에도 어느 정도 익숙해져 있었다. 관광객인 것처럼 시치미를 떼고 있던 나는 이 청년이 부르다가 끊어진 부분을 나폴리 원어대로 이어서 부르기 시작했다. 그러자 이 청년은 마치 술에서 갑자기 깨어난 듯 반쯤 감겨있던 눈이 휘둥그레졌다. 옆에 있던 프랑스 노인들은 브라보bravo를 외치며 박수를 쳤다.

"아니, 일본 사람이 어떻게 가사 하나 틀리지 않고 나폴리 억양으로 노래한단 말인가"

청년은 이탈리아어로 중얼거리고 있었다. 나는 그에게 다가가 일본 사람이 아니고 한국 사람이라고 또렷한 이탈리아 어로 말해 주었더니, 이 청년은 앞으로 동양 사람을 보면, 일본 사람인지 한국 사람인지 먼저 물어보고, 만약 한국 사람이라면 함부로 노래하지 않겠다고 한다. 그러고는 나를 만나서 반가웠다고 예의를 갖추며 악수를 청하고는 비틀거리는 걸음으로 계단을 따라 발걸음을 재촉했다.

나는 위에서 그를 계속 지켜보았다. 계단에는 뻣뻣한 자세로 기념사진을 찍는 동양인 관광객들, 온종일 앉아 수다를 떠는 사람들, 달콤한 사랑의 밀어를 나누는 연인들, 모든 것이 아니꼽다는 듯 지나가는 사람들을 괜히 응시하는 요상한 외계인 차림의 젊은이들, 웃통을 훌훌 벗어 던지고 앉아 쏟아지는 햇살을 즐기는 북유럽 관광객들, 사람들 틈을 뒤집고 다니

계단에 앉아있는 사람들과 비아 데이 콘돗티 거리의 인파들. 조각배 분수가 시각의 초점을 이루고 있다.

며 들고 있는 물건을 사라고 졸라 대는 방글라데시와 중국 행상들, 멋진 핸드백을 들고 계단을 내려가는 일본이나 한국 관광객들을 노려보는 날치기들, 자기네 동네처럼 보란 듯 박수치며 플라멩코 춤을 추는 남부 스페인에서 수학여행 온 학생들……. 그 자체가 여러 인간들의 모습이 뒤섞인 하나의 무대 같았다. 사실 여름밤이면 이 계단이 이탈리아 패션쇼 무대로 변모하기도 한다.

이탈리아와 스페인

한국과 일본은 여러모로 매우 가까우면서도 참 다르고 뭔가 껄끄러운 것이 있다. 사실 따지고 보면 한국과 일본만 그런 것은 아니다. 프랑스와 영국, 프랑스와 독일, 독일과 네덜란드 등은 말할 것도 없거니와 심지어 높은 수준의 시민의식과 교양을 자랑하는 스칸디나비아의 국민들 간에도 속으로는 뭔가 껄끄러운 게 있다. 같은 라틴 계열의 언어를 사용하는 이탈리아와 프랑스는 어떨까? 겉보기에는 크게 나쁠 것 없는 것 같은데 속으로는 글쎄……? 사실 지구상에서 국경을 맞대고 있는 나라 치고 서로 흉보거나 깔보지 않는 경우는 별로 없는 것 같다.

그럼 스페인과 이탈리아는 어떨까? 우리나라에도 잘 알려진 라 스파뇰라La spagnola(스페인 아가씨)와 같은 노래가 이탈리아에서 나왔다는 것 자체가 스페인이 이탈리아 사람들에게 무척 호감 가는 나라임을 입증하는 것이다. 우리나라에서 〈일본 아가씨〉라는 제목의 노래가 인기를 크게 끄는 경우를 상상할 수 있을까? 그럴 정도로 두 나라 관계가 친밀해지면 좋겠지만 아직 요원한 것 같다. 사실 이탈리아와 스페인 나라 사람들 간의 관계는 정말 부러울 정도로 좋다. 역사적으로 보면 스페인은 로마 제국의 속주였다. 또 스페인이 잘 나가던 시대에 이탈리아 국토의 일부분은 스페인의 지배를 받았기 때문에 이탈리아가 스페인의 헛기침 소리에도 허리를 굽실거려야 했던 때도 있었다. 그런 영욕의 역사가 교차하고 있음에도 스페인과 이탈리아는 지금 서로 아주 친한 형제처럼 지내고 있는데, 서로 국경을 맞대지 않고 지중해 서쪽 바다를 사이에 두고 떨어져 있어서 그런 것일까? 사실 두 국민들 간에는 이질적인 면보다는 유사점이 훨씬 더 많아

북쪽에서 본 스페인 광장

보인다. 무엇보다도 먼저 서로 기질과 관습이 매우 비슷하다. 게다가 두 나라의 언어는 처음 들어서는 같은 말로 혼동할 정도로 아주 비슷해서 두 나라의 사람이 만나면 통역 없이 서로 각자 자기네 말로 얘기해도 웬만한 의사소통이 될 정도이다.

크리스마스 절기에 로마의 번화가 비아 데이 콘돗티 거리를 축으로 본
스페인 광장의 계단과 언덕 위의 삼위일체 성당

품위 있는 명품 거리, 스페인 광장

이탈리아의 수도 로마의 중심에 위치한 스페인 광장 일대는 로마에서 건물 임대료나 집값이 가장 비싼 상업 지역이며 로마 고급 패션의 중심지로서 가장 품위 있는 지역으로 손꼽힌다. 우리가 무심코 쓰는 영어식 국명 스페인Spain은 스페인어로는 에스파냐España, 이탈리아어로는 스파냐Spagna라고 한다. 그래서 현지에서는 이 광장을 '피앗짜 디 스파냐Piazza di Spagna'라고 부른다.

이 광장에서 중심을 이루고 있는 것은 우아한 바로크식 돌계단이다. 이 돌계단 맞은편으로는 로마의 최고급 패션 거리인 비아 데이 콘돗티Via dei Condotti가 테베레 강 쪽으로 펼쳐져 있는데 한때 로마에서 체류하던 괴테, 멘델스존, 리스트 등 유럽 최고의 문인들과 음악가들이 즐겨 찾던 카페 그레코Caffé Greco가 아직도 그 전통을 유지하고 있다. 또 계단 옆 건물은 영국의 시인 키이츠가 살던 곳이고, 언덕 위 삼위일체 성당 북쪽에는 베를리오즈, 드뷔시 등 '로마 대상'을 받은 프랑스의 젊은 예술가들이 체재하던 빌라 메디치가 소나무 숲을 뒤로하고 로마를 내려다보고 있다.

이 로마의 노른자 땅에 '스페인'이란 이름이 붙게 된 이유는 무엇일까? 혹시 이탈리아 사람들이 스페인을 너무나 좋아했기 때문일까? 뭐, 그렇게 거창하게 생각할 것은 없다. 이 지역은 1500년대만 하더라도 로마 제국 시대의 유적이 몇 개 널려 있고 포도밭이 있던 로마의 외곽 지대로, 한때는 포폴로 광장을 통하여 로마에 '입국'한 마차들이 정거하던 일종의 주차장이기도 했다. 그러다가 당시 유럽의 초강대국이던 스페인이 이 지역을 구입하여 대사관 건물을 세우면서 '스페인 광장'이란 이름이 붙게

▲ 로마에 체류하던 유럽의 유명 인사들이 즐겨 찾던 카페 그레코
▶ 예로부터 로마 대상을 받은 프랑스의 예술가들이 체재하던 빌라 메디치

된 것이다. 그런데 이 광장이 유명해진 것은 스페인 대사관 때문은 아니고 광장과 언덕 위에 세워진 삼위일체 성당을 연결하는 아주 우아한 바로크 양식의 돌계단 때문이다. 이 계단은 영화 「로마의 휴일」에서 공주 역을 맡은 오드리 헵번이 아이스크림을 먹는 장면을 통해 전 세계에 널리 알려진 바 있다.

묘한 매력을 지닌 계단

이 계단의 정식 이름은 '언덕 위 삼위일체 계단'이다. 그러니까 또 다른 유럽의 초강대국이던 프랑스가 1500년대에 핀치오 언덕 위 전망 좋은 곳에 삼위일체 성당을 세우고 수월하게 진입하려고 만든 것이다. 그런데 이 계단은 낮은 곳과 높은 곳을 연결한다는 단순한 기능을 넘어 사람들을 이끄는 묘한 매력과 마력을 지니고 있다. 계단에 앉아 있으면 광장이 무대가 되는 것 같고 또 광장에 서 있으면 계단이 무대가 되는 것 같다. 그래서 누구나 이 계단 앞에 서면 괜히 한번 올라가 보거나 앉아 보고 싶은 충동을 느끼게 된다. 마치 바로크시대의 춤과 같은 우아함이 있다고나 할까.

그럼 이 계단이 세워지기 전 이곳은 어땠을까? 당시의 판화를 보면 다른 것은 몰라도 언덕 아래 광장에 있는 매력적인 조각배 분수만큼은 확실히 묘사되어 있다. 이 분수는 로마의 바로크 대가 쟌 로렌쪼

바로크 시대의 춤을 연상하듯 부드럽게 오르는 계단

베르니니의 아버지인 피에트로 베르니니Pietro Bernini가 1600년대 초반에 만든 것으로 지금도 스페인 광장의 시각적 초점을 이루고 있다. 그는 테베레 강 홍수로 배가 이곳까지 떠 밀려왔었다는 이야기에 영감을 받아 이 분수를 제작했다고 전해진다. 그런데 당시의 판화를 자세히 보면 분수가 있는 광장과 언덕 위의 삼위일체 성당 사이는 나무들이 여기저기 심어진 가파른 비탈길이었을 뿐이다. 당시 로마의 젊은 남녀들은 사람들의 눈을 피해 바로 이곳에서 화끈한 애정행각을 벌이곤 했단다. 언덕 위에 세워진 삼위일체 성당의 성직자들은 바로 성당 아래 비탈에서 벌어지는 이런 꼬락서니를 차마 눈뜨고 보지 못했던 모양이다. 아니면 성당의 신부들이 언덕 위에서 계단에 앉은 사람들이 뭘 하고 있는지 살펴볼 수 있도록 해달라고 현상

1600년대 초반의 스페인 광장을 묘사한 판화. 계단이 세워지기 이전, 나무만 듬성듬성 심어져 있던 언덕 뒤로 멀리 삼위일체 성당이 보인다.

교황청 소재 스페인 대사관으로 사용되는 스페인 궁 앞에 스페인 국기가 나부끼고 있다.

설계 지침에 강력히 요구했던 것은 아니었을까? 사실 이곳에 계단을 세우려는 계획은 그 전에도 있었지만 실행에 옮겨지지는 못했다. 핀치오 언덕위 전망 좋은 곳은 모두 당시 유럽의 초강대국 프랑스가 점거하고 있었기때문이다. 교황의 눈에는 로마 시가지를 내려다보며 군림하고 있는 듯한프랑스의 존재가 그러지 않아도 거슬리는데, 계단까지 세워지면 교황을보고 이래라 저래라 하는 프랑스의 왕 루이 14세의 입김이 돋보이게 될 것이 아주 뻔했기 때문이었다. 그러나 프랑스의 태양 왕 루이 14세가 1715년에 죽고 난 다음부터 프랑스와 교황청 사이의 관계가 훨씬 부드러워졌고 그동안 질질 끌어 오던, 계단이 세워질 땅의 소유권 문제도 해결되었다. 드디어 1723년 계단 현상 설계에 들어갔다. 이 현상 설계에는 유바라 F. Juvarra와 치프리아니S. Cipriani와 같은 당대의 유명한 건축가들이 참가했는데, 심사위원들과 프랑스 성직자들이 가장 선호했던 것은 이름이 별로 알려지지 않은 건축가 데 상크티스De Sanctis의 디자인이었다. 그는 삼위일체를 의미하듯 비탈을 3개의 테라스로 나누고 모두 138개의 우아한 계단을 통해 절묘하게 동적으로 처리했던 것이다. 질질 끌던 트레비 분수 공사와는 달리 이 계단 공사는 불과 3년 만에 끝났고 교황도 데 상크티스의 디자인이 마음에 퍽 들었던 모양이다. 하지만 프랑스에 대해 속으로 뭔가 껄끄러운 게 완전히 가시지 않았던지 계단 어느 곳에도 프랑스 성인들의 석상은 세우지 못하게 했다. 프랑스 측이 공사비를 대었는데도 불구하고 말이다.

새롭게 단장된 스페인 광장 주변 지역에는 유럽의 유명 지식인들과 예술가들이 와서 체류하게 되는데, 특히 영국이 강대국으로 부상하면서 많은 영국인들이 이 지역에 집중적으로 모여살기 시작했다. 시인 셸리와 바이런도 마찬가지였다. 또 당시 계단 옆에는 영국 카페도 열렸는데 지금까지도 운영되고 있다. 이리하여 이 지역은 프랑스, 스페인, 영국, 독일 등 유럽 강국의 엘리트층이 즐겨 찾는 국제적인 고품격 명소로 알려지게 된 것이다. 그런데 이 지역의 명칭은 스페인이 이미 확고하게 선점하고 있었으니 프랑스는 비용을 다 대고도 스페인 좋은 일만 해준 셈이 되었다.

포폴로 광장

_네로의 망령이 떠돌던 로마의 관문

로마로 통하는 길, 비아 플라미니아

'모든 길은 로마로 통한다.'라는 말이 있다. 그 말을 증명이라도 하듯 고대 로마인들은 엄청난 도로망을 건설했다. 오늘날의 지도를 보아도 로마를 중심에 두고 도로들이 방사상으로 퍼져나가는 것을 볼 수 있다. 사실 그중 상당수는 고대 로마인들이 닦아 놓은 길 위에 세워진 것이다. 로마로 통하던 모든 길 중에서 기원전 220년에 완성된 비아 플라미니아Via Flaminia는 로마의 포로 로마노에서 시작하여 캄피돌리오 언덕 동쪽을 돌아 캄푸스 마르티우스 지역을 통과하여 북쪽으로 폰테 밀비오(밀비오 다리)까지 직선으로 뻗었다가, 테베레 강 상류의 골짜기를 따라 아펜니노 산맥을 넘어 북동부 해안 도시 리미니까지 장장 329킬로미터의 거리를 연결하는 도로였다. 이 도로는 아스팔트를 깔아 지금도 국도로 사용하고 있다.

비아 플라미니아라면 한니발 전쟁을 떠올리지 않을 수 없다. 이 도로를 건설한 장본인은 바로 가이우스 플라미니우스Gaius Flaminius인데, 그는 켄소르censor라고 불리는 일종의 재무관 직위에 있으면서 이 도로를 만들

◀ 포폴로 광장의 문에서 본 광장의 풍경

었고 기원전 217년에는 집정관으로 선출되었다. 그가 집정관이 되었을 때 알프스 산을 넘어 이탈리아 본토를 침공한 한니발 군대가 파죽지세로 북부 이탈리아를 모두 공략하고 남쪽으로 향하고 있었다. 이처럼 위급한 시기에 집정관 플라미니우스는 한니발을 직접 상대하기 위해 군대를 이끌고 비아 플라미니아를 따라 북쪽으로 출정했다. 하지만 페루지아 근교 트라지메노 호숫가 숲에서 매복하고 있던 적의 기습공격을 받아 애석하게도 수많은 부하들과 함께 장렬한 최후를 마쳤다.

만약 한니발이 플라미니우스가 건설한 도로를 따라 남진했더라면 불과 며칠 안에 로마에 다다를 수 있었을 것이다. 이 지구상에서 로마가 완전히 사라질 수도 있는 위기에 빠진 것이다. 그런데 이변이 생겼다. 곧장 남하하여 풍전등화 같던 로마를 공략하리라고 예상되었던 한니발이 예상을 완전히 뒤엎고 진로를 동쪽으로 돌려 남부 이탈리아로 향해 그곳에 거점을 잡은 것이다. 그는 최후의 목표 로마는 당분간 남겨 두고 먼저 로마의 동맹 시부터 하나씩 하나씩 따돌리려는 전략을 세웠다. 한니발은 로마군에게 패배를 안겨 주면서 계속해서 승승장구했다. 하지만 다시 진용을 갖춘 로마 앞에 그는 결국 무릎을 꿇어야만 했다. 승리하는 법을 잘 알았던 한니발이 승리를 이용할 줄은 몰랐던 것일까?

로마의 동맥, 비아 델 코르소

비아 델 코르소는 바로 로마 시내 중심가에 있는 비아 플라미니아의 일부 구간이다. 더 정확히 말하자면 베네치아 광장과 포폴로 광장을 잇

▶ 로마에 온 괴테가 머물던 집에서 내려다 본 비아 델 코르소의 밤. 이 길의 북쪽은 교통을 통제해 보행자 거리로 만들었다.

는 대략 1.6킬로미터의 구간으로, 르네상스와 바로크 로마 지역에서 중추신경과 같은 역할을 하는, 남북으로 뻗은 직선도로이다. 이 길은 15세기에 로마 카니발 행사의 하나인 야생마 경주가 열리면서 '경주競走의 거리'라는 뜻의 '비아 델 코르소Via del Corso'로 불렸는데, 중세 때는 '넓은 길'이란 뜻의 비아 라타Via Lata라고 불리기도 했다. 이 도로 주변의 길은 모두 미로와 같이 좁은 길이니 그에 비하면 넓은 길 임에는 틀림이 없겠다. 하지만 오늘날의 기준으로 보자면 2차선밖에 안 되는 이 길이 좁아 보일 수도 있겠다. 그럼에도 마차가 쌍방으로 지나갈 수 있을 정도의 옛 도로를 로마는 오늘날까지도 그대로 보존하고 있는 것이다.

로마를 찾는 대부분의 사람들은 로마의 중앙역인 테르미니 역에서 내

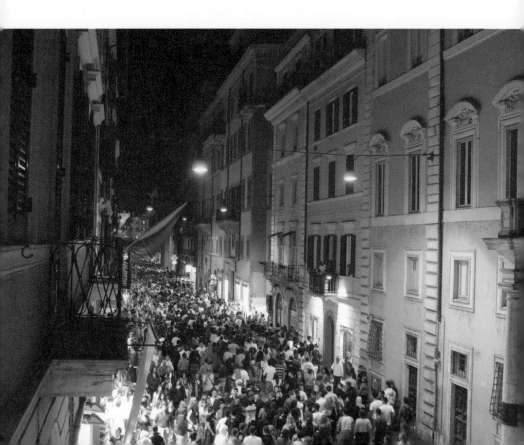

▲ 상가들이 몰려있는 비아 델 코르소의 풍경. 포폴로 광장 한가운데 세워진 오벨리스크가 멀리 보인다.
▶ 포폴로 광장의 '쌍둥이 성당' 사이로 본 비아 델 코르소. 멀리 이탈리아 통일 기념관이 보인다.

려 퀴리날레언덕과 비미날레 언덕이 마주치는 골을 따라 서쪽으로 뻗어있는 비아 나찌오날레Via Nazionale 거리를 지나 베네치아 광장으로 들어선다. 그렇지만 로마에 철도가 놓이기 전까지만 해도 북쪽으로부터 로마에 들어오는 이들은 포폴로 광장을 거쳐 멀리 캄피돌리오 언덕을 보면서 마치 순례자와 같은 모습으로 비아 델 코르소를 밟곤 했다.

로마에 입성했던 통일 이탈리아 왕국의 초대왕 빗토리오 에마누엘레 2세도 바로 이 길을 따라 들어왔던 것이다. 또 만약 한니발이 트라지메노

▶ 포폴로 광장에서 열리는 로마 경찰의 관악 연주회

호수에서 그대로 남하하여 로마를 공략하기로 결심했더라면 그 역시 이 도로를 따라 들어왔을 텐데, 만일 그랬더라면 서양의 역사는 틀림없이 전혀 다른 방향으로 흘러갔으리라.

백성들의 포폴로 광장

비아 델 코르소의 북쪽 끝에는 '피앗짜 델 포폴로 Piazza del Popolo' 라고 하는 타원형으로 생긴 큼지막한 광장이 있다. 포폴로에 해당하는 영어

핀치오 언덕에서 내려다 본 포폴로 광장의 석양. 멀리 베드로 대성당의 거대한 쿠폴라(돔)가 보인다.

는 피플people이다. 즉 이 광장의 이름을 우리말로 번역하면 '국민들의 광장'이나 '백성들의 광장'이 될 것이고 정치색을 띤 이름을 붙인다면 '인민들의 광장' 쯤 되겠다. 이름이 그래서인지 로마에서 공산당을 중심으로 한 좌파가 주동하는 옥외 정치 집회나 데모는 주로 이 광장에서 열린다. 물론 정치색과는 관계없는 야외 전시회나 연주회도 종종 열린다.

이 광장은 19세기 후반 로마에 철도가 놓이기 전까지 로마의 북쪽 관문이었다. 옛날 마르틴 루터가 로마에 왔을 때, 또 이탈리아 여행에 나섰던 괴테가 로마에 도착했을 때 첫 발걸음을 내디뎠던 곳도 바로 이 광장이다. 당시 이 광장의 모습은 지금과는 아주 다른 형태인 사다리꼴 모양이었다. 그러다가 19세기 때 신고전주의적인 타원형 모양으로 새롭게 단장되어 오늘에 이르고 있는데, 건축적으로 볼 때 동쪽편에 있는 핀치오 언덕의 공원까지 도시의 맥락을 절묘하게 잇는 뛰어난 작품이다.

이 광장에는 관광객들이 그리 많지 않다. 그렇다고 볼만한 것이 없다는 얘기는 아니다. 광장 한가운데에는 마치 거대한 해시계의 중심축과 같은 이집트의 오벨리스크가 시선을 집중시킨다. 오벨리스크가 제작된 연도는 지금으로부터 대략 3200년 전이고 '원산지'는 이집트이며 주인은 파라오 람세스 2세와 그의 아들이었다. 이것을 로마에 가지고 온 장본인은 아우구스투스였다. 아우구스투스는 기원전 10년에 이집트 정복 20주년을 기념하여 이것을 로마로 슬쩍 가져와 대경기장 키르쿠스 막시무스 한가운데에다가 보란 듯이 세웠다. 그것이 포폴로 광장 한가운데로 옮겨진 것은 1589년의 일이다. 교황 식스투스 5세는 가톨릭 수도로서의 로마의 위용을 과시하기 위해 여러 가지 대대적인 도시 계획을 단행하면서 이 오벨리스

포폴로 광장 위에 그림자를 길게 늘어뜨리는 람세스 2세의 오벨리스크.

크를 로마의 북쪽 관문으로 옮기고 그 위에 십자가를 올렸다. 그러니까 이 오벨리스크는 태양신의 상징에서 예수 그리스도의 상징으로 바뀐 셈이다.

한편 오벨리스크에서 남쪽을 보면 각각 1681년과 1675년에 세워진 우아한 성당 두 채가 광장의 우아한 분위기를 완성하면서 로마의 심장부로 안내하는 듯하다. 이 두 성당은 그냥 봐서는 쌍둥이처럼 완벽한 좌우대칭으로 보이지만 자세히 보면 쿠폴라(돔)의 모양이 서로 다르다. 어쨌든 왼쪽 성당의 디자인은 워낙 정교해서 웬만한 관찰력이 아니면 오른쪽 성당과의 차이를 식별하지 못한다. 왼쪽의 성당은 일명 '예술가 성당'으로 불린다. 그래

'예술가 성당'의 지붕. 이 성당의 지붕은 정면에서 보면 원형 평면인 것처럼 보이지만 실제로는 타원형 평면의 쿠폴라(돔)이다.

서 이곳에서는 수시로 음악회나 전시회가 열리며 이탈리아의 유명한 음악가, 문인, 화가, 영화배우, 영화감독과 같은 예술가들의 장례식이 거행

되기도 한다. 그런데 어떻게 해서 '포폴로'라는 이름이 이 광장에 붙여졌을까?

또 다른 미켈란젤로

오벨리스크에서 북쪽을 보면 '산타 마리아 델 포폴로Santa Maria del Popolo'라는 성당이 있다. 초기 르네상스 시대인 1472년에 처음 세워진 이 성당은 겉모습이 수수하기만 하다. 로마에 볼 것이 워낙 많아서 그런지 관광객들은 이곳까지 발을 들여놓지 않는다. 하지만 이 성당은 겉보기와는 달리, 브라만테와 라파엘로, 베르니니 등 르네상스와 바로크 시대의 대가들의 손길이 스며있는 '족보' 있는 건축물이다. 게다가 서양 미술사에 등장하는 화가들의 명작이 걸려 있는 곳이기도 하다.

그 중에서도 〈베드로의 십자가형〉과 〈바울의 회심〉이라는 명화는 빼놓을 수 없다. 이 두 점의 명화는 '미켈란젤로'라는 이름의 화가가 나이 서른이 채 되기도 전인 1600년에서 1601년 사이에 그린 것이다. 이 미켈란젤로는 우리에게 잘 알려진 미켈란젤로 부오나로티Michelangelo Buonaroti가 아니라, 그보다 대략 100년 후에 태어난 미켈란젤로 메리지Michelangelo Merisi이다. 그는 1571년 이탈리아 북부 밀라노 근교 카라바지오 부근에서 한 건축가의 아들로 태어나 밀라노에서 미술 교육을 받은 다음 성직자였던 형을 따라 로마에 와 새로운 개념의 종교화를 그리면서 유명해지기 시작했다. 하지만 타고난 과격한 성격 때문에 제 명대로 살지 못했다. 그는 주먹질을 함부로 하여 감방 살이를 하더니 결국에는 살인 사건에 연루되어

산타 마리아 델 포폴로 성당 안에 있는 카라바지오의 그림 〈베드로의 십자가형〉과 〈바울의 회심〉

나폴리, 시칠리아 섬, 말타 섬 등 여러 곳으로 도피하며 다니다가 바티칸
사면을 받고 돌아오는 길에 객사하고 말았던 것이다. 1610년, 그의 나이
겨우 마흔이었다.

　그는 출신지 이름을 따서 흔히 카라바지오Caravaggio라고 불리는데, 그

의 화풍은 17세기에 이탈리아 뿐만 아니라 스페인, 프랑스, 네덜란드 등 여러 나라에 지대한 영향을 끼쳤다. 그러고 보면 그렇게 일찍 허망하게 죽기에는 아까운 예술가였다. 군더더기 없이 간결하고 극적으로, 현실을 마치 사진 찍듯 사실적이면서도 극적으로 표현하던 예술가였다.

〈베드로의 십자가형〉에서 암흑을 헤치고 나오는 듯한 베드로의 모습을 보면 그의 순교가 '전해오는 얘기'가 아니라 하나의 '사실'로서 강렬하게 느껴진다. 전해지는 말에 의하면 베드로는 네로 황제 때 순교하여 테베레 강 건너편 바티칸 언덕에 묻혔고 그 자리 위에 베드로 대성당이 세워졌다. 또 〈바울의 회심〉은 기독교를 멸시하던 사울('바울'로 불리기 전의 이름)이 다마스쿠스로 가던 중에 갑자기 하늘에서 쏟아지는 빛에 눈이 먼 순간을 묘사하고 있다. 카라바지오는 한 순간의 장면을 통해 바울의 생애에서 가장 극적인 사건을 이야기하고 있다. 이 그림에서도 빛은 마치 신의 은총을 상징하듯 어둠 속에서 사울과 그가 타고 있던 말을 밝히고 있다. 사도 바울 역시 로마에 와서 포교 활동을 하다가 네로 황제가 재위할 때 참수형을 당해 순교했다고 한다.

네로 황제의 묘소

이와 같이 초기 기독교의 두 기둥이라고 할 수 있는 베드로와 바울 두 사람의 죽음은 네로 황제와 밀접하게 관련되어 있다. 하지만 기독교를 무자비하게 박해한 폭군으로만 알려졌던 네로는 이제 2000년이라는 기나긴 세월동안 그에게 씌워졌던 역사의 누명에서 서서히 벗어나고 있다. 그는 '사이코' 황제가 아니었다. 선제先帝들과는 다른 문화적 감각을 갖춘 통치자로서, 군사적 힘을 숭상하던 당시의 로마 제국 속에서 문화 혁명의 필요성을 간파했으며 보수 기득권층과의 마찰도 불사하고 친親서민 정책을 적극 펼쳤다고 한다. 또 황제로서 백성들과 어울리며 백성들 앞에서 시와 노래로 자신의 음악적 기량을 발표하는 것을 좋아했다고 하니 어떻게 보면 예수 그리스도 이후 역사에 처음으로 등장하는 민중 황제이자 예술가 황제였던 셈이다. 이러한 '신세대' 황제를 아주 눈꼴사납게 보고 있던 기득권층인 원로원은 그를 제거하기 위해 온갖 음모를 꾸미다가 결국 그를 '조국의 적'으로 선포하기에 이르렀고 순식간에 파멸을 맞은 네로는 로마 외곽으로 피신하다가 그만 자살을 택하고 말았다. 그는 "아까운 예술가가 죽어가는구나!"라고 탄식하면서 떨리는 손으로 자신의 목을 찔렀다. 서기 68년 6월 9일 밤이었다. 당시 그는 서른을 갓 넘긴 나이였다. 네로는 황제로서의 임무와 예술을 향한 열정 사이에서 갈피를 못 잡은 채 순식간에 몰락하고 말았다. 어쩌면, 그의 죽음은 황제라는 거추장스러운 멍에로부터의 해방을 의미하는지도 모른다. 그가 사라지자 원로원은 그에 관한 공식적인 기록을 모조리 말살하고 말았다.

네로는 아우구스투스가 세운 황제 가문의 영묘에도 묻히지 못하고 핀치오 언덕 비탈진 곳에 있는 가문 묘소에 묻혔다. 당시 그의 묘소에 침 뱉는 자는 아무도 없었으며 그의 죽음에 반신반의하던 백성들은 그가 언젠가 다시 나타날 것으로 믿었다. 하지만 세월이 지나면서 네로는 폭군으로 묘사되기 시작했으며 중세의 기독교가 이를 더욱 증폭시켰다.

그 후 1000년 가량의 세월이 흐른 11세기 말 경의 일이다. 로마에서

네로 황제의 묘소가 있던 자리 위에 세워진 산타 마리아 델 포폴로 성당과 부속 수도원. 한편 이 수도원에 머물며 교황청의 부조리를 지켜본 마르틴 루터는 독일로 돌아가 종교 개혁을 단행했다.

는 네로의 묘소가 있던 지역에 밤마다 그의 유령이 나타난다는 소문이 퍼졌다. 그러면서 이곳은 인적도 드물어지고 각종 범죄의 소굴로 이용되어 악명이 높아졌다. 당시 네로의 묘지 곁에는 커다란 호두나무가 한 그루 서 있었는데, 나뭇가지에 까마귀 떼들이 몰려 앉아 울어 대는 것이 아닌가. 백성들은 까마귀들이 네로의 무덤을 지키는 악마들이든가, 까마귀들이 네

산타 마리아 델 포폴로 성당 앞에서 본 포폴로 광장의 야경

로로 환생하게 될 것이라고 믿었다. 공포에 질린 백성들은 교황에게 모종의 조치를 취해달라고 탄원했다. 1099년 사순절, 교황 파스칼리스 2세(1099~1118)는 백성들의 청을 받아들여 3일 동안 금식과 회개의 기도를 했는데, 기도하던 중 성모 마리아의 환상이 나타났다. 성모 마리아는 그 호두나무를 잘라 네로의 유골과 함께 태워 버리고 그 재를 테베레 강에 버리라 명했다. 이리하여 호두나무는 잘려 없어지고 네로의 묘소도 완전히 파헤쳐져 없어지고 말았다. 바로 이곳에 백성들의 헌금으로 조그만 예배당이 세워지는데, 이 예배당이 몇 세기에 걸쳐 발전하고 확장된 것이 바로 산타 마리아 델 포폴로Santa Maria del Popolo 성당이다. '포폴로 광장'이란 이름 역시 바로 이 성당에서 유래한 것이다.

권좌를 버린 크리스티나 여왕

북쪽 관문을 통해서 본 포폴로 광장은 광장이라기 보다는 하나의 무대처럼 느껴진다. 이 북쪽 관문은 이탈리아가 통일된 1870년 이후부터 아무나 드나들 수 있게 되었으며 그 전에는 세관원들이 로마로 들어오는 순례자나 관광객들을 일렬로 세워놓고 쓸데없이 까다롭게 굴던 곳이었다. 물론 뒤로 돈 봉투를 건네면 수속이 훨씬 빨랐지만 말이다.

이 문은 원래 미켈란젤로와 비뇰라의 설계로 세워졌는데, 1655년 엄청난 VIP를 로마에 맞아들이기 위해 당시 최고 예술가였던 베르니니가 화려하게 새롭게 단장하였다. 프로테스탄트 강국 스웨덴의 크리스티나 여왕(1626~1689)이 스스로 왕좌를 버리고 가톨릭으로 개종하여 가톨릭의 수도 로마에 정착하러 왔던 것이다. 유럽에서 프로테스탄트의 팽창을 신경질적으로 견제하던 교황의 입장에서 보면 그야말로 굴러들어온 떡이었으니 이것보다 더 큰 '외교적 횡재'가 있을까?

크리스티나 여왕은 부왕이 전사하는 바람에 불과 여섯 살 때 당시 북유럽 최강국의 왕권을 물려받았고 열여덟 살 때에 정식으로 왕좌에 올랐다. 그녀는 어렸을 때부터 남자처럼 교육을 받았기 때문에 남자처럼 행동했으며 옷차림만 봐서는 남자인지 여자인지 구분이 가지 않았고 머리도 제대로 빗지 않고 돌아다니는 등 여러 가지 기행奇行을 일삼아 유럽 궁중의 가십거리가 되었다. 하지만 여왕은 지적 능력이 탁월했다. 예로 여러 가지 언어에 능통했고 예술과 과학에 조예가 깊었을 뿐 아니라 당시 프랑스의 유명한 철학자 데카르트를 왕실에 초빙했을 정도로 철학에도 탐닉했다고 한다. 강국 스웨덴은 문화적으로 불모지나 다름없었지만 그녀가 왕위에 오른 다음부터는 문화 혁명의 바람이 불었다. 크리스티나 여왕은 속박을 싫어하는 자유분방한 성격의 소유자였기에 결혼 생각은 전혀 없었고 오로지 자유로운 삶을 구가했다. 그러니 왕좌라는 것은 거추장스런 멍에에 불과했던 것이다. 그래서 아예 왕위를 내팽개치고 자유인이 되어 카톨릭으로 개종한 다음 로마에 왔던 것이다. 아직 서른을 채 넘기지 않은 젊은 나이였다.

왕위 대신 자유를 선택한 크리스티나 여왕. 이 광장에 들어서서 산타 마리아 델 포폴로 성당 앞을 지날 때 그녀의 기분은 어떠했을까? 1600년 전 자신처럼 예술을 사랑하여 최고의 권력까지 버리고 싶어 했던 젊은 네로가 바로 이곳에 묻혀 있었다는 사실을 그녀는 알고 있었을까?

포폴로 광장의 문은 프로테스탄트에서 카톨릭으로 개종한 스웨덴의 크리스티나 여왕을 맞이하기 위해 베르니니에 의해 단장되었다.

아우구스투스 영묘

_로마 제국 초대 황제의 무덤을 지키는 '코레아의 길'

이탈리아 속의 '코레아'

이탈리아어로 한국을 코레아Corea라고 한다. 스페인어로도 마찬가지이다. 그런데 일반 이탈리아 사람들은 한국에 대해서 잘 모른다. 몰라도 이건 정말 너무하다고 할 정도로 모른다. 간혹 이곳 신문이나 잡지에 한국 관련 기사와 지도가 나올 때면 한국의 위치를 베트남이나 캄보디아 쪽에 표시하는 경우도 있다. 한 번은 어느 이탈리아 사업가가 업무 차 1월에 싱가포르와 한국에 잠깐 가게 되었는데 한국이 싱가포르처럼 일 년 내내 더운 나라인 줄 알고 반팔만 달랑 입고 갔다가 영하 15도의 날씨에 혼쭐이 난 적도 있다. 한국이 남북으로 분단되어 있다는 것을 아는 이는 그래도 유식한 쪽이지만 그들 상당수는 남북을 혼동하곤 한다. 올림픽 개막식에 남북한이 공동 입장하는 장면을 보면 '아니, 코레아가 아직도 분단되어 있냐?' 라며 의아해 한다. 우리나라 대기업 제품들이 한국의 이미지를 상당히 높이긴 했어도 상당수는 그 제품들을 일본 브랜드라고 생각한다니 이들에게 한국에 대해 제대로 된 이미지를 심어주려면 아직도 많은 세월

◀ 무솔리니가 세운 거대한 건물 통로로 아우구스투스의 영묘가 보인다.

아우구스투스 영묘 주변. 왼쪽 사이프러스 나무가 심어진 곳이 영묘이고 뒤의 흰색건물은 아우구스투스의 평화의 제단을 보존하기 위해 세워진 것이다. 오른쪽 건물은 파시즘 정권 때 세워진 것으로 이 건물 아래에 있는 통로가 '코레아의 길'이다.

이 걸릴 것 같다. 물론 이탈리아만의 문제는 아니겠지만 말이다.

이탈리아 사람들이 한국에 대해 이토록 캄캄한데 로마 시가지 한복판, 그것도 로마 제국 초대 황제 아우구스투스의 영묘가 있는 광장에 '코레아의 길'이 있다니 어쩐지 기분이 우쭐해지지 않는가? 그런데 잔뜩 기대를 하고 가 보면 기가 막혀 말이 안 나온다. 아니, 세상에 '코레아'를 뭘로 알고……. 이건 길이 아니라 고작 20미터가 조금 넘을까 말까한 길이의, 건물 사이의 통로가 아닌가. 이럴 바에야 차라리 '코레아의 길'이 없는 게 낫지 않을까 싶다. 로마의 길 이름에는 모두 역사적인 사연이 있는데 도대체 어떤 연유로 코레아의 이름이 붙은 것일까?

▶ 아우구스투스 영묘 및 파시즘 정권이 주변에 세운 웅장한 건물. 로마 제국의 위용을 연상하게 하는 건축이다.

정권 홍보용으로 만들어진 영묘

먼저 아우구스투스의 영묘를 한 번 보자. 현재 이 영묘는 원래의 모습을 얼마간 간직한 채 폐허로 남아 있고, 영묘의 주인들은 기나긴 세월 속에 어디론가 먼지처럼 사라져 버려 그 안은 텅텅 비어있다. 영묘 주위에는 파시스트 정권 때 세운, 스케일이 큰 위압적인 건물들이 보호막처럼 둘러싸고 있다. 고대 로마의 영광을 재현하고 싶었던 무솔리니가 로마 제국 초대 황제의 묘소를 애지중지하지 않을 수 없었을 것이다.

그런데 아이러니한 것은 1906년 이 영묘 유적 위에 아우구스테움 Augusteum이라고 하는 로마 최고의 콘서트홀이 세워졌었다는 사실이다. 이

콘서트홀은 실내 음향이 너무 좋아 토스카니니와 같은 세계적인 지휘자들이 이곳에서 즐겨 연주할 정도였다. 하지만 무솔리니가 정권을 잡은 후로 상황은 달라졌다. 이곳이 음악당으로 사용된다는 것이 무솔리니에게는 위대한 로마 제국 초대 황제에 대한 불경과도 다름없이 여겨졌던 것이다. 이리하여 아우구스테움은 1936년 5월 13일의 연주를 마지막으로 철거되고 영묘 유적만 남게 되었다.

로마 최고의 콘서트홀이 될 정도였으니 영묘의 규모를 짐작할 수 있을 것이다. 자그마치 지름 87미터에 면적은 판테온 내부 공간의 4배가 약간 넘는다. 이 거대한 영묘가 처음 세워지기 시작한 것은 기원전 29년이다. 옥타비아누스가 원로원으로부터 '아우구스투스'라는 엄청난 칭호를 받고 명실 공히 로마 제국의 초대 황제로서 국가의 권력을 모두 손아귀에 쥔 것이 기원전 27년이니까 정식으로 황제가 되기도 전부터 이런 거대한 묘소를 세웠다는 얘기다. 또 그는 기원전 63년에 태어났으니 그의 나이는 팔팔한 30대였을 텐데 쉽게 이해가 되지 않는다. 왜 이렇게도 서둘러 자신의 묫자리를 준비한 것일까?

매사 실용적 사고방식을 갖고 있던 로마 사람들의 관점에서 보면 파라오 한 사람을 위하여 세운, 거대한 피라미드는 무식한 짓으로만 보였을 것이다. 그럼에도 불구하고 옥타비아누스가 기념비적인 대규모의 영묘를 착공한 이유는 또 뭘까? 그가 기원전 29년에 이집트에서 막 돌아왔기 때문이었을까? 당시의 역사적 배경을 간단히 훑어보자.

옥타비아누스는 그리스에서 체류하던 중 카이사르의 암살 소식을 접하고 즉시 로마로 돌아왔다. 그는 안토니우스, 레두피스와 회담하여 원로

원이나 민회도 무시하는 과두 정치, 이른바 제2차 삼두정치를 기원전 43년 말에 성립했다. 그 다음해에는 안토니우스와 함께 카이사르의 원수를 갚으러 마케도니아의 필리피까지 건너가 브루투스와 카시우스의 군대를 격파했다. 복수전에서 승리한 다음 해인 기원전 40년, 때마침 아내를 잃은 안토니우스가 옥타비아누스의 누이 옥타비아와 결혼하면서 두 사람은 끈끈한 유대관계를 맺게 되었다. 옥타비아누스는 그 사이 레피두스를 실각시키

아우구스투스 영묘의 내부이다. 안은 텅텅 비어있다.

고 이탈리아와 서부의 속주를 모두 손아귀에 넣은 다음 동방의 속주에 그 세력 기반을 두고 있던 안토니우스와 서로 경계하게 된다. 그런데 안토니우스는 클레오파트라의 미모에 정신이 홀려서 기원전 34년 동방 속주의 금싸라기 같은 지역을 클레오파트라에게 선사하는 매국적 행위를 일삼고 옥타비아와 이혼하기에 이르렀다. 옥타비아누스와 안토니우스가 마침내 서로 정적政敵이 되어버린 것이다. 기원전 31년, 옥타비아누스가 악티움 해전에서 클레오파트라와 연합한 안토니우스군을 궤멸시키고 이집트로 진

격하자 안토니우스는 스스로 목숨을 끊었고 클레오파트라도 자살의 길을 택했다. 이리하여 옥타비아누스는 드디어 오랫동안 지속된 로마의 내전을 종식하고 로마에 평화를 가져왔던 것이다. 한편 안토니우스가 클레오파트라와 함께 이집트의 알렉산드리아에 묻어 달라고 했다는 유언을 전해 들은 로마 시민들은 안토니우스에게 심한 배신감을 느끼고 있었다. 이를 감지한 옥타비아누스는 자신은 안토니우스와 전혀 다르다는 것을 로마 시민들에게 하루 속히 보여주려 했다. 즉, 자신의 뼈는 다른 곳이 아닌 바로 조국 로마에 묻히리라는 것을 만방에 보이고 싶었던 것이다. 이리하여 옥타비아누스는 '보란 듯이' 기념비적인 영묘 건립에 착수했다.

영묘 자리도 그냥 선택한 것이 아니다. 옥타비아누스는 옛날 전설적인 로마 왕들의 묘소들이 있던 곳에 자리를 잡았다. 게다가 이곳은 유서 깊은 도로 비아 플라미니아(지금의 비아 델 코르소Via del Corso)도 잘 보이고 테베레 강이 가까우며 경관도 매우 좋았으니 자신을 홍보하기에 매우 좋은 입지 조건을 갖추고 있었다.

이 영묘는 높이 40미터에 지름이 87미터가 되는 원통형으로 지어졌으며 그 위에 사이프러스 나무를 둘러가며 심었던 것으로 짐작된다. 사이프러스 나무는 영원을 상징한다. 이 거대한 묘소는 물론 아우구스투스 황제 자신만을 위한 것이 아니라 그의 가족들까지 위한 것이었다. 그가 이곳에 묻힌 것은 예수 그리스도가 이 세상에 온지 14년째 되던 해로, 요절한 그의 조카 마르켈루스와 사위 아그리파를 비롯한 황실 가족들이 아우구스투스 보다 훨씬 먼저 이곳에 자리를 차지하고 있었다.

▲▲ 아우구스투스의 영묘가 세워졌을 당시의 모습을 보여 주는 모형. 직선 도로가 비아 플라미니아인데 이 구간은 현재 로마의 중심가를 이루고 있는 도로인 비아 델 코르소이다.

▲ 아우구스투스 황실 가족들의 두상. 왼쪽 첫 번째가 아우구스투스이고 두 번째가 그의 오른팔이며 사위였던 아그리파이다. 그 뒤로 아우구스투스에 의한 평화를 상징하는 평화의 제단 아라 파치스가 보인다.

평화의 제단, 아라 파치스

한편 아우구스투스 영묘 서쪽에 마치 표백제라도 쓴 것처럼 눈부시게 빛나는 하얀 건물이 있다. 이것은 로마의 중심지에서 볼 수 있는 유일한 현대 건축물로 미국의 세계적인 건축가 리차드 마이어가 설계하여 2006년에 문을 연, 아우구스투스에 의한 평화를 기념하여 만든 평화의 제단 아라 파치스Ara Pacis를 보존하기 위해 세운 건물이다.

평화의 제단 앞면과 뒷면은 신화가 묘사되어 있고, 양쪽 벽에는 아우구스투스 가문의 인물들이 단체로 기념사진이라도 찍으려는 것처럼 늘어

미국의 세계적인 건축가 리차드 마이어가 설계하여 2006년에 완성한 아라 파치스 박물관. 로마 중심지에서 볼 수 있는 유일한 현대 건축물이다. 오른쪽에 사이프러스 나무가 있는 곳이 아우구스투스의 영묘이다.

서 있다. 이 부조들은 모두 아우구스투스에 의하여 로마에 평화와 풍요의 시대가 왔음을 상징하고 있다. 이 제단에 사용된 석재들은 모두 이탈리아 산産이다. 대리석은 아우구스투스 시대 때 채굴하기 시작한 이탈리아 북서 해안 카라라산産이다. 이전까지만 하더라도 대리석은 주로 그리스나 오리엔트 지방에서 가져왔다는 것을 고려할 때, 아우구스투스는 아라 파치스를 세우면서 국산품을 '보란 듯이' 애용한 셈이다. 평화의 제단은 원래 영묘 남쪽으로 약 300미터 떨어진 대로변에 보기 좋게 세워져 있었다. 그 후 모조리 파괴되었다가 20세기 초에 들어서야 파편들이 발굴되어 재조립되었다.

'코레아'에 얽힌 사연

아우구스투스의 영묘는 409년 고트족이 로마를 침입했을 때 크게 파괴된 후 서서히 해체되기 시작했다. 중세 사람들은 영묘 정상에 세워져 있던 아우구스투스의 청동상을 녹여 동전을 만들었다. 또한 영묘는 로마에서 귀족들이 난립할 때에 요새로도 사용되었다. 또 영묘 입구 양쪽에는 높은 오벨리스크를 세워두었는데 1500년대에 하나는 산타 마리아 마죠레 성당 뒤 에스퀼리노 광장으로, 하나는 대통령궁이 있는 퀴리날레 광장으로 옮겨졌다. 1500년대 말에는 이곳에 로마 귀족 가문의 개인 정원이 만들어지기도 했고, 1700년대에는 한 귀족이 이것을 인수하여 극장이라는 이름으로 완전히 용도변경을 했는데 사실 극장이라기보다는 투우 경기장에 더 가까웠다. 그럼 아우구스투스 영묘와 '코레아'와의 관계는 대체

로마 제국의 초대 황제 아우구스투스의 영묘 유적지

'코레아의 길' 이 '한국의 길' 이 아닌 것이 어찌 보면 천만다행이다.

무엇일까?

'코레아' 는 다름 아닌 아우구스투스 영묘를 극장으로 용도 변경한 귀족의 이름에서 유래한다. 그렇다면 이 귀족은 혹시 임진왜란 때 이탈리아에 가서 뿌리를 내렸다고 전해지는 안토니오 코레아와 관련된 인물일까? 하지만 로마 이곳저곳에서 자료를 아무리 찾아 봐도 그럴만한 단서는 없었다. 단지 이 귀족의 이름은 베네뎃토 코레아Benedetto Correa였고 그의 성은 Correa이다. 영어와는 달리, 이탈리아어에서는 자음이 겹쳐져 있으면 모두 각각 또렷하게 발음을 한다. r의 경우, 겹쳐 있으면 혀끝을 겨울바람에 문풍지 떨듯이 훨씬 더 떨면서 발음해야 한다. 그런데 로마 방언에서는 'r' 이 겹쳐있어도 하나처럼 발음하곤 하는데, 이러한 연유로 귀족의 이름이 Corea로 잘못 표기되어 굳어졌고 그 바람에 이 극장이 '코레아 극장' 즉 테아트로 코레아Teatro Corea가 되었다고 한다. 또 다른 설에 의하면 이 귀족은 포르투갈 출신으로 그의 가문 이름이 코레아Corea였다는 이야기도 있다.

어쨌든 코레아의 길은 바로 이 극장 이름에서 유래했다. 그러니까 이 길은 한국과는 아무런 상관이 없는 셈이다. 그리고 비아 델 코레아Via del Corea라는 길 이름이 정말로 '한국의 길'이라는 의미를 가지려면 여성형 명사인 코레아Corea에 맞는 전치사와 관사의 합성형인 델라della를 붙여 비아 델라 코레아Via della Corea라고 불러야 한다. 그러고 보니 볼품없는 '코레아의 길'이 '한국의 길'이 아니어서 오히려 천만다행이지 않은가.

판테온

_유일신을 위한 범신전

상식을 뒤엎은 건축

비가 온다. 뻥 뚫린 천장을 통해 실내로 마구 쏟아진다. 대리석 바닥 위로 떨어지는 빗줄기는 텅 빈 공간 안에 묘한 음향을 남긴다. 어느새 비가 그치고 빗줄기 대신 강한 햇살이 한 줄기 들어와 실내 공간을 환하게 밝힌다. 그러고 보면 판테온 안은 실내 공간이면서도 옥외 공간이며 옥외 공간이면서도 실내 공간이다. 판테온 안에 있으면 마치 속세로부터 격리된 듯한 느낌이 든다. 골목길과 광장에서 들리던 소음은 어디론가 사라지고 폭풍우 지난 후의 바다와 같은 잔잔한 분위기에 휩싸이게 된다. 참으로 묘한 공간이다.

판테온의 내부는 거대한 빈 공간으로 이루어져 있다. 고대 이집트, 그리스, 에트루리아 등 로마보다 시대적으로 앞선 문명에서는 판테온과 같은 '비어 있는 내부 공간'이 무엇인지 전혀 알지 못했다. 이런 '비어 있는 공간' 안에서는 눈앞의 공간뿐만 아니라 눈에 보이지 않는 등 뒤의 공간도 느껴진다. 2차원의 사진이나 그림으로는 이 느낌을 제대로 표현할 수

◀ 판테온의 내부는 거대한 빈 공간으로 이루어져 있다.

없으리라.

　그럼 판테온이란 도대체 무엇일까? 그리스어로 '신神'을 테오스theos 라고 한다. '판테온'은 Pan(모든)+ theo-(신)+on(건물, 장소를 나타내는 그리스식 접미사) 즉 '모든 신神들에게 바쳐진 신전', 혹은 '범신전'이라는 뜻이다. 그런데 신전치고는 그 공간이 매우 특이하고 이례적이다. 일반적으로 그리스와 로마의 신전 건축에서 신상 안치소는 사제만 들어갈 수 있는 좁은 공간인데 판테온에서는 넓은 내부 공간 그 자체가 신상 안치소였으며, 사제만 안에 들어가는 것이 아니라 누구나 그 안에 들어가 종교 의식에 참여할 수 있었던 것이다. 말하자면 판테온은 기존의 상식을 완전히 뒤엎어버린 건축이라는 얘기다. 그럼 대체 누가, 언제, 왜 판테온을 세웠을까?

골목길 틈새로 보이는 판테온의 모습에서 그 거대한 규모를 짐작할 수 있다.

　판테온을 처음 세운 사람의 이름은 입구 상부에 큼지막한 청동 글씨로 기록되어 있다. 〈M.AGRIPPA.L.COS. TERTIUM FECIT.〉 풀이하자면 "세 번째TERTIUM 집정관COS=CONSUL 루키우스의 아들L 마르쿠스 아그리파M. AGRIPPA 가 했다FECIT"이다. 즉 아우구스투스의 오른팔 아그리파가 집정관을 세 번째 지낼 때이니까 기원전 25년에 세웠다는 뜻이다. 아그리파는 '복수의 유피테르 Jupiter Ultor' 신에게 바치기 위해 판테온을 세웠는데, 실제로는 아우구스투스에게 지어 바친 것이라 할 수 있다. 이 신전은 당시 로마 시민들이 국가에 대한 긍지를 갖게 하기 위해 지은 상징적인 건축물로, 유피테르 신상을 비롯한 율리아 씨족의 수호신인 일곱 행성의 신상들이 안치되어 있었다. 아그리파는 아우구스투스의 석상도 이곳에 안치할 계획이었으나 아우구스투스의 단호한 반대로 포기했다고 한다. 그런데 오늘날 우리가 보는 판테온은 아그리파가 세운 것은 아니다. 그가 세웠던 판테온은 원통형이 아닌 육면체의 신전으로 여겨지며, 입구는 현재와 달리 남쪽으로 향해 있었다고 한다. 그러나 여러 번의 화재로 그의 판테온이 전소된 후 서

로톤다 광장 카페에서 본 판테온 정면의 모습. 입구 상부에는 청동 글씨로 마르쿠스 아그리파가 세웠다는 기록이 보인다.

기 118년과 125년 사이에 완전히 다른 모습으로 태어났다.

　　이렇게 완전히 새로운 판테온을 세운 장본인은 하드리아누스 황제이다. 그는 로마 제국의 구석구석을 돌아보며 다른 민족의 문화에 관심을 보였으며 건축에도 매우 조예가 깊었다. 그는 평생 세상을 두루 돌아다니며

많은 것을 보고 느꼈으니 사고의 폭도 매우 넓었고 발상의 전환 역시 자유로웠으리라. 황제 자신이 판테온을 직접 설계했는지 아니면 다른 건축가가 설계했는지는 알 길이 없지만, 파격적이고 독창적인 공간 구성을 보면 그의 입김이 꽤나 작용했으리라는 것은 두말할 나위 없겠다. 그런데 권력자라면 대개 자기 이름을 남기지 못해서 안달이기 마련인데 하드리아누스 황제는 겸손하게도 자신의 이름 대신 오로지 아그리파가 만들었다는 문장만을 보란 듯이 큼지막한 청동 글씨로 입구에 박아 넣었던 것이다.

│ 우주를 상징하는 건축

판테온의 기본 구조는 원통형 벽체 위에 반구半球 모양의 쿠폴라를 얹은 형태라고 할 수 있는데, 공간은 10로마식피트를 기본 단위로 하는 숫자와 기본 도형으로 특이하게 구성되어 있다. 예를 들면, 원통 외부 지름은 200로마식피트이고, 원통 내부 지름은 4분의 3에 해당하는 150로마식피트이다. 원통 내부의 지름과 바닥에서 반구 안쪽 정상까지의 높이는 똑같이 150로마식피트(약44미터)이다. 즉 내부 공간에 지름 150로마식피트의 구球가 꼭 맞게 들어간다는 뜻이다. 또 그림에서 보듯, 정점을 A라고 하고 바닥 평면에서 벽감이 세로 벽과 교차하는 지점을 각각 B와 C라고 하면, ABC는 정확하게 정삼각형을 이루는 것을 알 수 있다.

고대인들은 이러한 '수의 조화'나 기본 도형 및 기본 고형체에 신성한 의미를 부여했다. 정삼각형, 정사각형, 정육면체, 원통형, 피라미드와 원뿔형 등의 도형이나 고형체는 모두 하나의 구형 속에 담을 수 있는데,

이것이 바로 그들이 상상했던 우주의 형상이며 천체의 모습이었던 것이다. 판테온의 쿠폴라는 위로 갈수록 더 가벼운 재료를 사용했으며 쿠폴라가 밖으로 벌어지려고 하는 힘을 두터운 원통형 벽체 로툰다rotunda가 받아주고 있다. 이 로툰다를 지탱하는 기초는 깊이 4.5미터, 폭 7.5미터의 거대한 콘크리트 링으로 이루어져 있다. 또 정상에 뚫린 지름 30로마식피트(약 9미터)의 구멍은 행성의 중심인 태양을 상징했다. '눈'이란 뜻의 오쿨루스oculus라 불리는 이 구멍은 판테온의 내부를 밝히는 광원光源이자 제사를 지낼 때 연기가 밖으로 빠져나가는 출구이다. 오쿨

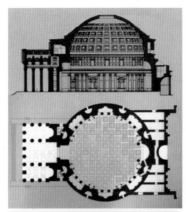
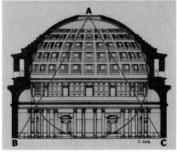

판테온의 평면도와 단면도

루스를 통해 내부로 들어오는 햇빛은 내부를 고르게 밝혀 주는데, 마치 하늘이 판테온의 구석구석까지 내려와 스미는 것 같다.

그런데 왜 판테온을 지은 건축가들은 뚫린 천장을 막지 않았던 것일까? 문제는 지름이 30로마식피트(약 9미터)나 되는 천장의 구멍을 당시에는 동일한 재료를 사용하여 완전히 덮을 수가 없었다는 것이다. 이 정도 규모의 쿠폴라라면 아무리 가벼운 석재와 시멘트를 사용한다 해도 재료

지름 9미터에 달하는 오쿨루스를 통해 들어오는 햇빛은 내부 공간을 구석구석 밝힌다.

자체의 무게 때문에 중심부가 내려앉을 것이니 말이다.

오쿨루스를 중심으로 천장의 격자는 다섯 열의 동심원을 이루는데, 이것은 우주가 다섯 개의 동심구同心球로 된 천구가 겹쳐져 있다고 믿은 고대인들의 천체관을 그대로 반영하는 것이다. 옛날에는 각 격자마다 청동 별들이 장식되어 천장이 마치 천구天球처럼 보였을 것이다. 게다가 바깥 지붕에 금박까지 입혔으니 판테온은 거대하게 빛나는 태양과 같은 인상을 주었으리라. 또 천구를 상징하는 쿠폴라를 받치는, 원통형 벽체에 있는 일곱 개의 움푹 파인 벽감은 다섯 개의 행성과 해와 달을 상징하면서 벽이

받는 하중을 줄여 주고 있다.

　판테온은 이와 같이 간결하면서도 절묘한 구조를 자랑하면서 동시에 구석구석 천체와 우주를 상징하고 있다. 또한 판테온은 로마 제국 황제들을 위한 신전이며 로마 제국 제1인자의 권력을 상징하는 곳이었다. 하드리아누스 황제는 이 거대한 빈 공간 안에 원로원과 시민들을 모아놓고 새로운 법을 공포하곤 했다. 그런 황제의 모습은 단순한 통치자 이상의, 우주의 법을 제정하는 신성한 존재로 각인되었을 것이다.

판테온의 지붕은 태양을 상징하듯 금박으로 덮여 있었다.

판테온의 야경

기독교 성전이 된 이교도 신전

　동로마 제국 황제 포카스가 판테온을 608년에 교황 보니파치우스 4세에게 기증한 이후, 로마 제국 최대의 범신전은 '순교자들의 성모 마리아 성당Santa Maria dei Martiri'으로 변모하였다. 기독교의 입장에서 보자면 이교도의 신전에서 기독교 성전으로 바뀐 것이다. 그 덕택에 판테온은 다른 고대 로마의 건축물과는 달리 '채석장'으로 전락하지 않고 지금껏 제대로 보존되어 왔다. 그런 판테온도 수난을 당한 적이 있다. 1624년 교황 우르바노 8세는 25세의 젊은 예술가 베르니니(1598~1680)에게 베드로 대성당 안에 있는 베드로의 묘소를 덮는 거대한 제단을 제작하겠다며 판테온에 있던 청동 구조물과 청동 장식물들을 모조리 뜯어 오라고 했기 때문이다. 우르바노 8세는 바르베리니Barberini 가문 출신인데, 당시 로마 시민들은 "바르바리barbari(야만인)도 하지 않는 짓을 바르베리니가 했다Quod non fecerunt barbari, fecerunt Barberini"라고 빈정거렸다. 다행스럽게도 판테온 입구의 거대한 청동문은 지

판테온 입구의 거대한 청동문은 지금도 2000년 전 모습 그대로이다.

▲ 통일 이탈리아 왕국의 초대왕 빗토리오 에마누엘레 2세의 묘소
▶ 라파엘로의 흉상과 라파엘로의 석관이 안치된 묘소

금도 2000년 전의 모습 그대로 무사히 남아 있다.

판테온 내부에는 통일 이탈리아 왕국의 초대왕 빗토리오 에마누엘레 2세의 묘소와 그의 아들 움베르토 왕의 묘소 등이 있다. 그런데 다른 묘소

들보다 더 눈길을 끄는 것은 1520년 37세의 나이로 요절한 라파엘로의 무덤이다. 그의 석관은 유리벽 뒤에 있고 황금색의 비둘기가 이를 지켜보고 있다. 그의 무덤에는 이와 같이 새겨져 있다.

여기 라파엘로 산찌오Raffaello Sanzio가 누워 있다. 그가 살아 있을 때에는 만물의 위대한 어머니가 정복당할까봐 두려워하였고 그가 세상을 떠나자 대자연은 그와 함께 죽는 것이 아닌가하고 떨었다.

그의 무덤 옆에는 라파엘로보다 세상을 먼저 떠난 그의 약혼녀 마리아 비비에나를 추모하는 석판이 자리하고 있다.

판테온을 모방한 건축들

르네상스 시대에 접어들면서, 판테온은 신전 건축의 원전으로 여겨졌다. 이를 모방한 건축물이 여기저기서 등장하기 시작하였다. 르네상스 시대의 브라만테는 성 베드로 대성당을 설계할 때 판테온의 돔을 참고하였단다. 르네상스 시대 북부 이탈리아의 걸출한 건축가 팔라디오가 설계한 별장 건축에서도 판테온의 모습이 역력히 보인다. 17세기의 바로크 시대의 대가인 베르니니도 판테온을 모방한 성당을 세웠다. 또 18세기부터 19세기 초까지 신고전주의 건축이 널리 퍼져있던 시절, 판테온을 모방한 건축은 알프스 산과 도버 해협을 건너 프랑스와 영국까지 퍼졌다. 프랑스 파리에는 18세기 중엽에 세워진 성당 '팡테옹'이 있는데, 판테온의 형태와는 다소 거리가 있지만 미라보, 볼테르, 루소, 빅토르 위고, 에밀 졸라와 같은 프랑스 위인들의 묘가 안치되어 있는 점은 로마의 판테온과 비슷하다. 대서양 건너 미국에서는 건축가이자 제3대 대통령이었던 제퍼슨이 설계한 버지니아 대학의 로툰다 도서관과 워싱턴에 있는 제퍼슨 기념관 등이 판테온의 형태를 취하고 있다. 그러고 보니 서울 한강변 여의도에 흉물처럼 서있는 대한민국 국회 의사당의 '뚜껑'이 문득 생각난다. 태평양을 건너 멀리 한국까지 판테온의 영향이 미친 것일까? 판테온을 모방한 건축들의 지붕을 다시 어설피 모방한 것 같은 모습은 혹시 나에게만 그렇게 보이는 것일까?

원래의 모습을 거의 그대로 간직하고 있는 로마 제국 시대의 건축물 판테온. 현재 성당으로 쓰이는 판테온은 어찌 보면 고대 로마의 건축물 가운데 원래의 기능을 그대로 유지하고 있는 건축물이라 할 수 있겠다. 물론 경배의 대상이 '모든 신'에서 '유일신'으로 바뀌기는 했지만 말이다.

나보나 광장

_바로크 최고 라이벌들의 대결

로마의 거실에서…

로마의 밤은 조용하다. 거리마다 켜져 있는 가로등도 로마의 분위기를 해치지 않기 위하여 '밝히는 조명' 보다는 '느끼게 하는 조명' 을 더 많이 사용한다. 그래서 로마의 밤은 우리나라 대도시의 기준으로 보면 매우 어둡다. 밤마다 네온사인을 현란하게 밝히는 도시들과는 달리 어디 놀러갈 만한 곳도 거의 없다. 로마에 온 한국 관광객들은 밤이 되면 심심하다고 야단이다. 마음껏 술 마시고 노래 부르고 싶어도 이탈리아 사람들은 술을 많이 마시지 않고 노래 역시 별로 부르지 않기 때문이다. 한국 사람이 경영하는 노래방 한두 군데를 제외하고는 로마 바닥을 아무리 뒤져 봐도 갈 곳이 없다. 게다가 상점들은 저녁이 되면 으레 문을 닫아 버린다. 그렇지만 레스토랑과 카페만은 자정이 넘어도 문이 열려 있다. 이탈리아 사람들에게는 느긋하게 천천히 식사를 하면서 밤 한두 시까지 온갖 수다를 나누는 것이 삶의 기쁨이다.

나보나 광장에는 멋진 레스토랑과 카페가 낳다. 하지만 다른 곳보다

◀ 남쪽에서 본 나보나 광장

비싸기 때문에 주머니 사정이 빠듯한 사람들은 엄두를 내지 못한다. 그럼에도 나보나 광장은 일 년 내내 늦은 밤까지 붐빈다. 사람들이 무슨 특별한 목적이 있어서 나온 것은 아니다. 하지만 축제라도 열린 듯 마주치는 얼굴들은 하나같이 밝다. 나보나 광장은 어둠이 깔린 밤에도 사람들의 발걸음을 자연스럽게 끌고 있는 것이다. 나보나 광장이라는 도시 공간은 '로마의 거실'로서 사람들에게 묘한 즐거움을 주고 있는 것이리라. 그런데 광장의 모양이 매우 이례적이다. 세계 어딜 가도 이렇게 심할 정도로 길쭉한 모양의 광장은 본 적이 없다. 길쭉한 쪽의 길이는 300미터쯤 되고, 폭은 55미터 가량 된다. 도대체 어떻게 해서 이런 희한한 광장이 생겨났을까?

응접실 같은 광장

햇살이 좋은 어느 날 나는 야외 카페에 앉아 붉은 와인을 한 잔 주문하고 광장의 분위기를 맛본다. 마치 커다란 응접실에 앉아 있는 것 같다. 그런데 갑자기 시끄러운 노래가 들려온다. 거리의 젊은 악사가 기타를 치면서 카페에 앉은 사람들 앞에 서서 노래를 불러 대는 것이다. 카페에 앉은 사람들이 모두 자기의 노래를 들으러 온 손님이라고 생각하는 듯 별의별 감정을 넣어가면서 미국의 대중음악을 영어로 불러 대는데, 옆에 앉은 미국인 관광객들은 어떻게 받아들일지 모르지만 광장의 분위기와는 너무나 이질적이어서 내게는 시끄럽게만 들린다. 제발 좀 빨리 끝내 주었으면 하는 바람이 간절하다. 노래를 마친 젊은 악사는 손님들 앞에 모자를

나보나 광장은 일 년 내내 축제가 벌어지는 것 같다. 특별한 절기마다 시장이 서고 광장 구석구석이 크고 작은 무대가 되기 때문이다.

돌리는데 별로 '수금'을 하지 못했다. 나는 빨리 좀 가 달라는 뜻에서 동전을 몇 푼 주었다. 그랬더니 그는 감사하다면서 나만을 위해 몇 곡 더 불러 주겠다고 한다. 원 세상에, '손님'이 원하는 것이 무엇인지 그렇게도 모르다니! 그가 다른 곳으로 자리를 옮기고 주변이 조용해질 쯤에야 와인의 그윽한 향이 느껴지기 시작했다.

천천히 와인을 들면서 '이탈리아의 광장'이라는 묘한 공간의 분위기를 음미한다. 문득 광장의 건물들이 다가와서 나를 포근히 둘러싸는 것 같다. 감길 듯 말 듯한 눈으로 광장을 거니는 사람들을 바라본다. 하지만 시선은 나보나 광장 한가운데에 높게 세워진 오벨리스크와 이것을 떠받치고 있는 조각상 분수에 자꾸 쏠린다. 그 다음은 이 분수를 마주 바라보며 세워진 우아한 성당 쪽으로 옮겨진다. 이 성당과 분수는 서로 조화를 이루며 나보나 광장에 무한한 생명력을 불어넣는 듯하다. 이 멋진 형태를 디자인한 예술가는 바로 보로미니와 베르니니이다.

보로미니 VS 베르니니

17세기에 들어 로마에서는 르네상스가 퇴조하고 바로크라는 새로운 예술의 기운이 돋아나기 시작했다. 이리하여 로마는 서양 예술의 요람으로 발전하여 유럽 모든 나라의 표본이 되었다. 로마에서 바로크 시대를 연 대예술가 중에서 가장 대표적인 인물로 피에트로 다 코르토나Pietro da Cortona, 쟌 로렌쪼 베르니니Gian Lorenzo Bernini, 프란체스코 보로미니Francesco Borromini를 꼽을 수 있다. 이 세 사람은 마치 약속이라도 한 듯 1년 차이로 각각 1597, 1598, 1599년에 태어났으며, 모두 로마가 아닌 외지 출신으로 로마에서 대성한 사람들이다. 이들은 모두 뛰어난 화가에 뛰어난 건축가였고, 건축가로서 17세기 로마의 모습을 크게 바꾸어 놓은 장본인들이다. 특히 베르니니는 건축가이기 이전에 원래 조각가로서 미켈란젤로 이래로 최고의 명성을 날리고 있었다.

세 사람 중에서 베르니니와 보로미니는 서로 사이가 좋지 않았다. 이 두 사람은 서로 시기하고 질투하는 라이벌 관계였으며 성격도 극과 극이었고 출신지도 정반대이며 추구하는 건축도 달랐다. 나폴리 태생인 베르니니는 남부 이탈리아를 대표하듯 신앙심을 바탕으로 로마에서 가장 명망 있는 예술가가 되었다. 반면에 보로미니는 북부 이탈리아 문화권인 스위스의 남부 티치노 지방 출신으로 베르니니처럼 신이 창조한 인간으로부터 조화의 비례를 찾아내기보다는 기하학적인 도형을 바탕으로 새로운 공간을 창출했다. 그는 다소 침울하고 고독했으며 화를 잘 내었고 극히 비사교적인 성격의 소유자였다. 그는 보기 드문 뛰어난 건축가였지만 말년에 이르러 사람들이 그의 고약한 성격 때문에 큰 프로젝트를 맡기지 않자 이를 견디지 못하고 결국 스스로 목숨을 끊고 말았다.

로마에서 이 두 라이벌의 작품을 함께 볼 수 있는 곳이 몇 군데 있는데 그 대표적인 장소가 바로 나보나 광장이다. 한편 나보나 광장 뒤쪽 골목에는 피에트로 코르토나가 설계한 산타 마리아 델라 파체Santa Maria della Pace라는 건축적으로 뛰어난 성당까지 있으니 이 지역은 바로크의 세 대가가 모두 집결되어 있는 것이다. 이 세 사람에게 작품을 남길 기회를 준 장본인은 팜필리 가문이었다.

매음굴 자리에 세운 성 아녜제 성당

팜필리 가문 출신 교황 인노첸티우스 10세는 1644년부터 11년 동안 재위하면서 서민들의 시장터로 사용되던 나보나 광장을 로마에서 가장 품위 있고 매력적인 도시 공간으로 변모시키고자 했다. 그는 나보나 광장에 세워진 팜필리 궁이 더욱 돋보이도록 광장 한가운데에 있던, 가축들에게 물을 먹이던 분수를 품위 있는 분수로 완전히 바꾸려는 계획을 세웠다. 그리고 팜필리 궁 옆에 있던 성녀 아녜제가 순교한 곳에 세워진 기존의 산타녜제 인 아고네Sant'Agnese in Agone 성당을 헐고 그 위에 성녀에게 바치는 성당을 새롭게 세우도록 했다.

교황은 당시 로마의 유명한 건축가이던 라이날디 부자父子에게 성당 설계를 맡겼으나 그들의 작업이 그리 별로 마음에 들지 않아 계약을 파기하고 보로미니를 불러들였다. 성당의 공사는 라이날디에 의해 이미 진행되어 있었기 때문에 보로미니는 성당의 내부보다는 외관 디자인에 집중적으로 신경을 썼다. 그리하여 성당의 인상을 결정하는 쿠폴라(돔)가 올려졌는데, 이것은 베드로 대성당에 있는 미켈란젤로의 쿠폴라보다 더 날씬하고 날렵하게 솟아 있다. 그리고 성당 정면의 가운데 부분이 안으로 움푹 들어가 있기 때문에 이 쿠폴라는 원래의 위치보다 훨씬 더 바깥쪽으로 나온 것처럼 보인다. 그래서인지 이 쿠폴라는 나보나 광장 안 어디에서든지 잘 보인다. 그리고 성당의 정면과 좌우에 솟아 있는 종탑과도 완벽한 일체를 이루고 있다. 이러한 외관은 후세의 성당 건축에 상당한 영향을 끼쳤으며 중부 유럽에도 널리 전파되었다. 그중 특히 오스트리아의 수도 비엔나의 중심지에 있는 카를 성당은 보로미니의 영향을 받은 피셔 폰 에를라흐가 1716년에 설계했는데, 성 아녜제 성당을 그대로 베껴놓은 듯 닮았다.

그런데 아녜제는 도대체 누구이며 왜 하필 이곳에 아녜제라는 이름이 붙은 성당이 세워졌을까? '아녜제Agnese'는 이탈리아어식 표현이고 라틴어 표기로는 아그네스Agnes로 양¥을 의미한다. 성 아그네스는 순결을 상징하고 소녀를 지키는 성녀로 추앙되고 있다. 아그네스가 정확히 어느 시대의 인물인지는 알 길이 없으나 3세기 중반 데키우스 황제 재위시 또는 4세기 초반 디오클레티아누스 황제 재위시 로마 제국 전역에 대대적인 기독교 박해가 있을 때 이곳에서 순교한 13세의 어린 소녀였다고 전해진다. 당시 이곳은 매음굴로 사용되고 있었다. 전해 내려오는 말에 의하면 아그네스가 순교를 당하기 전에 옷이 벗겨졌는데 기적적으로 머리카락이 길게 자라나 몸을 감쌌다고 한다.

4대강의 분수 위에 세워진 오벨리스크와 산타녜제 인 아고네 성당 위에 세워진 성녀 아그네스의 조각상. 이 오벨리스크는 이집트가 아니라 로마에서 만들어진 것으로 도미티아누스 황제 가문인 플라비우스 가문을 찬양하는 내용이 이집트 상형문자로 기록되어 있다.

한편 이 성당의 이름 산타녜제 인 아고네Sant'Agnese in Agone에서 아고네agone는 '승리하기 위해 힘을 겨루는 곳' 즉 '경기장'을 뜻하는 그리스어 아곤agon의 이탈리아어식 표기이다. '인 아고네in agone'는 세월이 흐르면서 발음이 변형되어 나보나Navona로 굳어졌다. 그러니까 이 성당의 이름을 번역하면 '경기장에 있는 성녀 아녜제 성당'이 되는 것이다. 그렇다면 이곳이 경기장과는 무슨 관계가 있는 것일까? 이야기는 1세기 후반 도미티아누스 황제 시대로 거슬러 올라간다.

2000년 역사를 체험하다

도미티아누스는 콜로세움을 착공한 베스파시아누스 황제의 둘째 아들로, 아버지가 타계하는 바람에 완성하지 못한 로마 제국 역사상 최대의 원형극장을 4층으로 완공한 장본인이다. 그는 물을 넣고 빼고 하는 것이 번거로웠던 콜로세움의 모의 해전을 없애고, 테베레 강변의 지대가 낮은 캄포 마르찌오Campo Marzio 지역에 서민들을 위한 경기장을 구상했다. 이 지역의 옛날 라틴어식 이름은 캄푸스 마르티우스Campus Martius이다. 캄푸스Campus라는 말을 보면 우리는 먼저 대학 캠퍼스를 떠올린다. 하지만 라틴어로는 들판, 뜰이라는 뜻이다. 그래서 캄푸스 마르티우스는 '마르스 신의 들'이라는 뜻인데 고대 로마인들이 이 들판에서 군사 훈련을 했기 때문에 붙여진 이름이다.

도미티아누스 황제는 서기 86년에 3만 명 관중을 수용할 수 있는, 트랙 길이 276미터의 경기장을 세웠다. 이 경기장은 지대가 낮은 데다가 테베레 강 가까이에 위치하고 있어서 물을 끌어오기가 쉬웠기 때문에 필요하면 언제든지 경기장 안에 물을 채워 모의 해전도 개최할 수 있도록 한 것이다. 나보나 광장은 바로 이 경기장 유적 위에 세워졌다. 이 경기장의

▲ 판테온과 도미티아누스 경기장 모형(로마문명박물관)
◀▶ 나보나 광장 주변에 보이는 도미티아누스 경기장의 유적

로마의 거실 나보나 광장

관객석 부분에는 모두 건물들이 세워졌고, 경기장의 트랙은 광장이 된 것이다. 나보나 광장이 한쪽이 유별나게 긴 형태를 취하고 있는 것은 바로 이 때문이다.

이 광장에서는 19세기 중반 매년 8월 주말이 되면 진귀한 광경이 벌어지곤 했다. 즉 분수의 물을 광장에 흘러넘치도록 하여 사람들이 물놀이를 즐기도록 한 것이다. 지금 나보나 광장은 가운데 부분의 도로포장을 트랙 부분보다 높여 놓았기 때문에 물을 채우는 것이 불가능하다. 어쨌든 이 광장은 거의 2000년 동안 이어지는 공간의 역사를 생생하게 체험할 수 있는 곳이다.

베르니니의 걸작, 4대강의 분수

성 아녜제 성당 앞의 분수는 나보나 광장에서 초점을 이루고 있는데, 이것이 바로 베르니니의 걸작 중의 하나로 손꼽히는 '4대강의 분수'이다. 이 분수는 당시에 유럽에 알려져 있던 세계의 4대 강 즉 유럽의 도나우 강, 아프리카의 나일 강, 아시아의 갠지스 강, 남아메리카의 플라타 강을 의인화한 조각으로 구성 되어 있다.

보로미니의 성 아녜제 성당과 베르니니의 4대강의 분수를 두고 다음과 같은 얘기가 전해진다. 보로미니가 세운 성당이 무너질 것 같아서 놀란 플라타 강 조각상이 손을 들고 있으며 나일 강 조각상은 아예 이 성당이 보가 싫어서 보자기를 덮어쓰고 외면하고 있는 모습으로 베르니니가 조각해 놓았다는 것이다. 그러자 보로미니는 성당의 종탑 아래에 가슴에 손을

▲◀ 플라타 강을 의인화한 조각상. 성당이 무너질
까봐 겁에 질린 듯한 모습이라는 얘기가 있다.

▲▶ 나일 강을 의인화한 조각상. 성당이 보기 싫어
서 등을 돌린 채 보자기를 덮어쓰고 외면하는 듯한
모습으로 보이는가?

▼◀ 도나우 강과 갠지스 강을 의인화한 조각

없어 이들을 안심시키는 듯한 모습을 취하고 있는 아녜제의 조각상을 올려놓았다고 한다. 그런데 성당이 세워진 것은 4대강의 분수가 세워진 후의 일이고 베르니니는 보로미니가 이 성당 건립에 관여할 줄은 전혀 몰랐다. 하지만 누가 만들었는지도 알 수 없는 이 이야기에서 보로미니와 베르니니의 라이벌 관계가 단적으로 드러난다. 어떻게 보면 '승리하기 위해 투쟁하다' 라는 의미를 내포하고 있는 아고네agone라는 말을 다시 한 번 음미하게 한다.

그런데 보로미니는 그의 라이벌 베르니니가 제작한 4대강의 분수를 보고는 울화통이 터졌을 것이다. 왜냐면 교황에게 4대강 분수의 아이디어를 낸 장본인이 바로 그 자신이었고, 이 분수를 세우기 위해 처녀 수로를 끌어들이는 공사를 계획하고 감독한 장본인도 그 자신이었기 때문이다. 사실 보로미니는 4대강 분수를 미리 디자인해 두었기 때문에 당연히 자신이 일을 맡을 줄 알았다. 그런데 대체 이게 어떻게 된 일일까? 베르니니가 교묘하게 인맥을 이용하여 이 프로젝트를 가로챈 것이다. 즉, 베르니니는 4대강 분수의 모형을 만들어 평소 잘 알고 있는 교황 측근을 통해 교황의 눈에 띄기 쉬운 탁자 위에 올려놓도록 했는데, 이것을 본 교황이 그만 입이 벌어지고 눈이 휘둥그레지면서 크게 감탄했던 것이다. 사실 보로미니가 준비했던 분수 디자인은 상당히 교과서적이었다. 다시 말해, 감상자의 마음을 단숨에 휘어잡는 감동은 베르니니의 작품에 비해 많이 부족했다. 아마도 보로미니는 자기가 그 일을 당연히 맡을 것이라 생각한 나머지 다소 방심했던 것은 아닐까? 어쨌든 절호의 기회를 졸지에 빼앗긴 보로미니는 "베르니니, 도~둑놈!" 이라고 울분을 토하면서 이를 갈았으리라. 그러고 보니 그가 스스로 목숨을 끊을 만큼 화병에 시달린 것도 짐작이 간다. 나는 이런 보로미니에게 다가가 위로를 해 주고 싶다. 이런 일은 오늘날에도 주변에서 흔히 일어나고 있으니 너무 상심하지 말라고. 그리고 또 한마디 덧붙이고 싶다.

"자신의 실력에 도취되지 않고, '고객'이 원하는 것이 무엇인지를 파악하는 것도 중요하지요"

카스텔 산탄젤로

_거룩한 천사의 성에서 절규하는 토스카

오페라 〈토스카〉

아직도 새벽별이 빛나고 있는 로마의 하늘 아래, 베드로 대성당의 쿠폴라가 그 웅대한 모습을 서서히 드러내고 미카엘 천사상은 신의 은총을 갈구하는 인간들을 굽어보듯 서 있었다. 별안간 어디선가 어둠의 정적을 깨는 총소리가 울려 퍼졌다. 아름다웠던 사랑의 추억을 가슴에 안고 삶에 대한 미련을 버리지 못하던 사형수는 피를 흘리며 천사상 아래 쓰러졌다. 눈속임을 위한 가짜 총성인 줄로만 믿고 있던 그의 연인은 예상치 못한 그의 죽음 앞에서 절규했다. 잠시 후 갑자기 발자국 소리가 들려왔다. 경찰들이 로마 총경을 살해한 혐의로 그녀를 체포하려고 성 위로 올라오는 것이었다. 점점 발소리가 가까워지자 그녀는 모든 것을 단념한 채 성곽 아래로 흐르는 테베레 강에 몸을 던지고 말았다. 1800년 6월 18일 새벽빛이 로마를 덮은 어둠을 거두기도 전에 일어난 사건이었다. 총살당한 남자는 화가 카바라돗시Cavaradossi, 테베레 강에 투신한 그의 연인은 가수 토스카Tosca였다.

◀ '천사의 다리'에서 본 거룩한 천사의 성. 원통형 성채는 수많은 세월이 스쳐간 흔적이 역력한 석조 구조 위에 붉은 벽돌을 쌓아 만들어졌다.

거룩한 천사의 성에서 본 베드로 대성당의 쿠폴라

오페라 토스카는 18세기 말과 19세기 초에 걸쳐 격동하는 로마의 정치 상황을 사실적이고도 극적으로 보여주는 작품이다. 풋치니의 오페라 〈토스카〉의 제3막 무대이기도 한 이곳이 바로 '거룩한 천사의 성 카스텔 산탄젤로 Castel Sant' Angelo'이다.

테베레 강 건너편 바티칸 초입에 세워져 있는 거룩한 천사의 성은 마치 베드로 대성당의 초입을 지키듯 서 있다. 거대한 규모의 원통형 형태 때문에 기념비적 성격이 매우 강해 보인다. 단순히 벽돌만 튼튼하게 쌓아 올릴 것이 아니라 품위와 우아함이 깃들어야 더욱 강한 성이 될 수 있다는 것을 보여주듯이……. 붉은 색 원통형 성채의 표면을 자세히 살펴보면 큼지막한 돌로 쌓은 원통형 석조 구조물 위에 벽돌이 쌓여 있음을 알 수 있다. 원통형 구조물의 돌 표면에는 수많은 세월이 스쳐간 흔적이 역력하다. 즉 이 성은 서로 다른 시대와 디자인의 건축 양식이 겹쳐져 있는 것이다.

이 성은 오페라 〈토스카〉에서 볼 수 있듯 당시의 정치범들을 수감하고 처형하던 악명 높은 형무소였다. 하지만 본래부터 감옥이나 형무소로 쓸려고 지은 것은 아니었으며 성이나 요새도 아니었다. 안으로 들어가 보면, 마치 신비의 세계에 빨려들듯 완만한 경사로 이루어진 나선형 램프를 타고 시계 반대 방향으로 완전히 한 바퀴를 돌아야 성곽 위에 오르도록 되어 있다. 게다가 내부는 온통 컴컴해서 횃불이 있어야만 오를 수 있다. 만일 군사용으로 이 성을 세웠다면 굳이 길고 어두운 통로를 만들었을 리 없다. 그렇다면 도대체 무슨 용도란 말인가? 정답은 묘소이다. 그럼 대체 누가 언제 이렇게 거대한 묘소를 세운 것일까? 이야기는 로마 제국이 한창 융성하던 기원후 2세기 전반으로 거슬러 올라간다.

테베레 강변 바티칸 초입에 세워진 거룩한 천사의 성

문화 황제 하드리아누스

로마 제국의 국경을 최대로 넓힌 트라야누스 황제의 뒤를 이은 하드리아누스 황제는 국경을 넓히는 것보다 내실을 기하는 데 총력을 기울였으니 그가 치세하는 동안 로마 제국은 평화와 복지를 누렸다. 그는 뛰어난 군인이자 탁월한 정치가였고 박식하고 재기가 넘쳤으며 미술, 음악, 건축, 문학 등 거의 모든 예술 분야에 조예가 깊었다. 이를테면 고대 로마의 '르네상스 황제'였다고나 할까. 또 그는 치세 21년 동안 자그마치 12년을 로마 제국의 구석구석을 돌아다니며 두루 살피고 국경 내부를 굳게 다졌다. 또한 여행을 좋아했던 만큼 통치자로서 세상을 보는 시야 역시 매우 넓었으리라. 하지만 말년에 그의 성격은 변덕스럽고 무자비했기에 그가 죽은 후 원로원은 그의 모든 업적과 기록을 깡그리 말소하는 '담나티오 메모리아이damnatio memoriae' 라는 형벌을 내리려 했다. 죽어서도 명예를 중요시하는 로마인들에게 이러한 '기록 말살형'은 극형이나 다름없었다. 다행히 그는 후계자를 잘 두었다. 그를 이은 안토니누스 황제는 선제의 명예를 손상시키지 않기 위해 최선을 다했던 것이다. 그 덕택에 하드리아누스는 네로 황제나 도미티아누스 황제처럼 역사의 오명을 쓰지 않고 로마 제국 5현제의 한 사람으로 후세에 기억되고 있다.

문화 황제 하드리아누스는 직접 건축 설계에 관여하는 것을 즐겼다. 그래서 판테온을 완전히 새로운 모습으로 재건했는가 하면, 콜로세움 바로 앞 언덕에 '베누스 여신과 로마 여신'에게 바친 신전을 독특한 모습으로 세웠으며, 로마 근교 티볼리에는 광대한 빌라를 세웠다. 그가 세운 티볼리의 별장은 이탈리아에서는 빌라 아드리아나Villa Adriana라고 불리는데

하드리아누스 황제 영묘와 다리의 옛 모습(로마문명박물관). 이 영묘는 로마 제국에서 콜로세움 다음으로 웅장한 건축이었다고 전해진다.

말이 '빌라'이지 신전, 경마장, 도서관, 박물관 등 웬만한 시설과 여러 가지 기능을 갖춘 궁전 단지와도 같았다. 말하자면 하드리아누스 황제의 환상적인 착상으로 세워진 하나의 작은 도시였으며 세계였다.

　　그런데 그렇게 여행을 즐기고 개성 넘치고 멋진 궁전도 지은 그에게 정작 자신이 묻힐 묏자리는 없었다. 왜냐면 아우구스투스의 영묘에는 네르바 황제가 서기 98년 묻힌 이후 빈 자리가 없었기 때문이다. 그렇다고 건축을 좋아하는 황제가 가만히 있을 수만은 없는 노릇이었다. 마침내 그

캄푸스 마르티우스(현재 캄포 마르찌오) 지역에서 이 다리에 첫발을 내디디고 영묘를 바라보면, 시야가 영묘
쪽에 집중되면서 기념비적 성격이 매우 강해진다.

는 자신의 묘소를 구상했다. 이왕 하는 김에 아예 후세 황제들의 묘소로도 쓸 거대한 영묘를 계획했다. 그는 영묘 터를 테베레 강 건너편 바티칸 언덕 언저리에 잡았는데, 그곳은 아우구스투스 영묘가 강 건너 비스듬히 보이는 곳이었다. 그가 강 건너편에 조심스럽게 영묘의 자리를 잡은 것은 아마도 초대황제 아우구스투스와 직접 비교되는 것을 피했기 때문이 아니었을까? 하드리아누스는 건축에 조예가 있고 상상력이 풍부하고 파격적이었기에 다소 수수하고 고전적으로 세워진 아우구스투스의 영묘와는 다른 색다른 영묘 건축을 보여주고 싶었는지도 모른다. 그러기 위해서라도 아우구스투스 영묘와는 어느 정도 거리를 두는 것이 좋았을 것이다.

그것으로 끝난 것이 아니다. 그는 캄푸스 마르티우스 지역에서 영묘 진입을 수월하게 하고 강 건너 바티칸 지역을 주택지로 개발할 목적으로 서기 130년에서 134년 사이 영묘 바로 앞에 다리를 세웠다. 캄푸스 마르티우스 지역에서 이 다리에 첫발을 디디고 영묘를 바라보면 시야가 영묘 쪽에 집중되면서 기념비적 성격이 한층 강해진다. 한편 이 다리는 1800년 동안 그대로 보존되어 있다가 19세기말 테베레 강 양변에 제방이 세워지면서 다소 개축되었다. 이 다리를 지탱하는 다섯 개의 아치 가운데 중간의 세 개는 축조된 원래의 형태 그대로를 보존하고 있다. 이 영묘에 관해서는 사료가 많지 때문에 정확히 언제인지는 알 수 없지만 대략 서기 130년경에 축조되기 시작한 것으로 여겨지며, 하드리아누스 황제가 사망한 지 1년이 지난 서기 139년에 안토니누스 피우스 황제에 의하여 완성되었다. 이 영묘는 당시 로마 제국에서 콜로세움 다음으로 가장 웅장한 건축이었다고 전해진다.

영묘를 잇는 다리의 아치 다섯 개 중 중간의 세 개는 원래의 모습 그대로 보존되어 있다.

바티칸을 지키는 천사의 성

그런데 로마 제국 문화 황제의 영묘는 왜 성城으로 바뀌었을까? 번영과 평화를 구가하던 로마 제국은 5현제 시대가 끝난 다음인 2세기 후반부터 국운이 급격히 기울어지기 시작하여 3세기에 들어서는 군인 황제들이 난립하는 혼란기를 맞았다. 이때 로마 제국의 국경은 게르만족에 의해서 계속 유린당했고 이탈리아 반도마저 침공당하기 시작하자 3세기 후반에는 수도 로마 주변에 거의 20킬로미터에 달하는 성벽이 황급히 축조되었다. 이러한 긴급한 상황에서 하드리아누스의 영묘는 로마를 방어하는 성벽의 일부로 편입되어 테베레 강을 지키는 요새로 둔갑했던 것이다.

거룩한 천사의 성 위의 서쪽 중정. 감옥의 입구는 이 중정에 있다.

그 후에도 이 영묘는 격변하는 로마의 정세 속에서 황제의 영묘가 아닌 군사용 성채로 용도가 완전히 바뀌어 버렸다. 이리하여 10세기에는 개축되고 증축되어 바티칸 궁전을 방어하는 굳건한 보루가 되었으며, 1527년 독일 용병들이 로마를 약탈하던 중에는 포위된 교황 클레멘스 7세가 이곳에 피신하기도 했고 또 교황청의 비밀 금고가 보관되기도 했다. 그 다음에는 건축 용도가 완전히 바뀌어서 정치범들이 수감되고 처형되는 악명 높은 감옥으로 사용되었다. 오페라 〈토스카〉에서 카바라돗시가 다른 곳이 아닌 바로 거룩한 천사의 성에서 처형당하는 것은 바로 이러한 이유 때문이다.

칼집에 칼을 넣고 있는 미카엘 천사 청동상

한편 하드리아누스 영묘는 12세기 이후부터 오늘날까지 '거룩한 천사의 성'이란 뜻의 카스텔 산탄젤로 Castel Sant'Angelo라고 불리고 있다. 사실 이 이름은 옛 전설에서 유래된 것이다. 509년, 교황 그레고리우스는 당시 로마를 황폐화하던 페스트를 퇴치하기 위하여 기도하던 중 천사의 환상을 보았다고 한다. 천사는 영묘의 꼭대기에 서서 칼집에 칼을 집어넣고 있었는데, 이것은 신의 은총이 내렸음을 의미한다. 그 후 천사를 기리는 예배당이 세워졌고 이어서 천사의 모습이 대리석으로 조각되어 세워졌으며 18세기 중엽 대리석 천사상이 청동상으로 바뀌었다. 이것이 바로 별이 빛나던 로마의 새벽 하늘 아래에 카바라돗시와 토스카의 죽음을 지켜보던 바로 그 미카엘 천사상이다.

▶ 거룩한 천사의 성 위의 동쪽 중정. 청동 천사상이 오르기 전까지 성 꼭대기를 지키고 있었던 대리석 미카엘 천사상이 보인다.

베드로 대성당

_반석 위에 세운 세계 최대의 성전

초미니 국가 바티칸 시국

우리나라는 로마 시내에 이탈리아 주재 대사관 외에도 바티칸 주재 대사관을 별도로 두고 있고 또 각 대사관 마다 대사도 한 명씩 두고 있다. 다른 나라들 역시 마찬가지다. 아니, 같은 도시 안에 있으니 두 대사관을 통합하고 대사 한 사람이 겸임을 하면 경비가 크게 절감될 텐데 왜 굳이 그렇게 하는 것일까? 실은 그게 마음대로 되는 것이 아니란다. 바티칸을 독립 국가로 인정한 1929년 맺은 이탈리아와 교황청간의 상호 조약에 의하면 '바티칸과 외교 관계를 맺는 나라는 로마에 바티칸 주재 대사관을 별도로 둔다' 라고 명시되어 있으니 다른 도리가 없는 것이다. 교황청이 소재한 바티칸은 바티칸 시국Stato di Città del Vaticano이라는 공식 국명을 가진 엄연한 독립 국가로 국토의 면적은 0.44제곱킬로미터이다. 그러니까 여의도의 6분의 1정도 밖에 되지 않는 초미니 국가인 셈이다. 그렇다면 '바티칸' 이란 말은 도대체 어디서 온 것일까?

아주 까마득한 옛날 테베레 강변 서북쪽 언덕에는 에트루리아의 점쟁

◀ 로마의 석양. 베드로 대성당의 쿠폴라가 시각의 초점을 이루고 있다.

이들과 신관들이 살고 있었는데, 사람들은 이들을 바티vati라고 불렀다고 한다. 고대 로마인들은 이곳을 '바티의 언덕'이란 뜻에서 몬스 바티쿠스Mons Vaticus라고 불렀다. 이탈리아어로 바티카노Vaticano 즉 '바티칸'은 바로 여기에서 유래한 지명이다.

바티칸은 국제법상 엄연히 이탈리아 영토 안에 있는 하나의 독립 국가이기 때문에 마음대로 출입할 수 없지만, 베드로 대성당과 대광장 만큼은 모두에게 '국경'이 완전히 개방되어 있다. 다만 베드로 대성당에 들어가려면 마치 입국 수속을 하듯 줄을 서서 소지품 검사와 복장 검사를 받아야 한다. 소지품 검사는 테러를 방지하기 위한 것이며 복장 검사는 성전 안의

교황청을 지키는 스위스 위병. 교황청 방어를 위해 예전부터 스위스에서 용병들이 고용되었다가 1506년부터 정식으로 교황을 지키는 스위스 근위대로 발족하여 오늘날에 이르렀다. 이들의 복장은 미켈란젤로가 디자인했다는 설이 있다.

거룩한 분위기를 해치지 않도록 하기 위한 것이다. 따라서 반바지 차림이나 어깨를 노출한 차림으로는 '입국'이 거부된다.

쿠오 바디스

세계 최대의 성전으로 로마 시가지의 풍경을 압도하는 베드로 대성당. 지금도 로마에서는 베드로 대성당보다 더 높은 건물을 지을 수 없다. 유럽에서 대성당은 으레 시내 한복판에 세워져 있기 마련인데 예수 그리스도의 수제자 베드로를 기념하는 이 성전만은 왜 로마 시내 중심이 아닌 강 건너편에 세워졌을까?

서기 64년, 네로 황제가 로마 제국을 통치하던 그 해 7월 19일 수도 로마에 전대미문의 대화재가 발생하여 시가지의 대부분이 파괴되고 말았을 때의 일이다. 당시의 상황을 배경으로 하는 「쿠오 바디스」 전설에는 다음과 같은 이야기가 있다.

네로 황제가 화재의 책임을 기독교 신자들에게 전가하고는 그들을 탄압하기 시작하자 예수 그리스도의 가르침을 전파하기 위하여 로마에 와있던 베드로는 박해가 끝날 때까지 로마에서 벗어나 있기로 하고 이탈리아 반도 동남쪽 멀리 브린디지 항구까지 연결되는 도로 비아 아피아Via Appia를 따라 수도 외곽으로 걸어 나가고 있었는데, 이때 로마로 들어가고 있는 예수 그리스도의 환상을 보았다. 깜짝 놀란 베드로는 떨리는 목소리로 물었다.

"도미네, 쿠오 바디스? Domine, quo vadis?"

우리말로 번역하면 '주여, 어디로 가시나이까?' 이다. 그러자 예수 그리스도는, '나는 다시 십자가에 못 박히러 간다' 라고 답하고는 사라졌다. 베드로는 그 자리에서 발길을 되돌려 로마로 향했다. 로마에 돌아간 베드로는 즉시 체포되었는데 자신은 예수 그리스도처럼 똑바로 십자가에 매달릴 자격도 없다면서 십자가에 거꾸로 매달려 순교했다고 한다.

기원후 1세기 전반, 칼리굴라 황제는 당시 수도 로마의 외곽인 바티칸 지역에 개인 경기장을 갖고 있었는데 그가 죽은 다음 이 경기장은 네로 황제에 의해 복구되고 단장되어 네로의 경기장으로 이름이 바뀌었다. 전해지는 말에 의하면 바로 이 '네로의 경기장'에서 베드로를 비롯한 많은 기독교 신자들이 죽음을 당하여 근처의 공동묘지에 매장되었다고 한다. 역사적으로 엄밀히 따지면 쿠오 바디스 이야기에서처럼 기독교가 네로 황제에 의해 탄압받았다고 보기는 곤란하다. 또 베드로가 순교한 것은 네로 황제 재위 말기에 해당하는 서기 67년경으로 추정되는데, 실제로 베드로가 그때 순교한 것인지 또 언제 로마에 와서 얼마 동안 머물렀는지에 관해 신약성경에서도 언급이 없을 뿐더러 신빙성 있는 자료 역시 존재하지 않는다. 그러다 보니 베드로의 행적에 관해서는 전적으로 전해 내려오는 말에 의존할 수밖에 없다. 어쨌든 세계 최대의 성전인 베드로 대성당은 바로 그가 묻혀 있다고 믿어지던 묘소 위에 세워진 것이다.

한편 우리가 흔히 말하는 '베드로'라는 이름은 이탈리아에서는 피에트로Pietro하고 하며, 라틴어로는 페트루스Petrus라고 한다. 이 말의 원래 뜻은 '돌石', '반석'이다. 이 이름은 영어권에서는 피터Peter, 독일어권에서는 페터Peter, 프랑스어로는 피에르Pierre, 스페인어로는 페드로Pedro, 러시아어에서는 표트르Pjotr라고 한다. 따라서 각 나라마다 베드로 대성당을 부르는 것이 다르다. 이탈리아에서는 간단히 산 피에트로San Pietro라고 한다. 그러니까 뜻을 음미해보면 베드로의 묘소 위에 세워진 산 피에트로 대성당은 그야말로 반석 위에 세워진 성전인 셈이다. 그리고 보니 신약성경의 마태

복음 16장 18-19절이 떠오른다.

"내가 네게 이르노니 너는 베드로라. 내가 반석 위에 교회를 세우리니 음부의 권세가 이기지 못하느니라. 내가 천국의 열쇠를 네게 주리니 네가 땅에서 무엇이든지 매면 하늘에서도 매일 것이요, 네가 땅에서 풀면 하늘에서도 풀리리라."

미켈란젤로의 쿠폴라

바티칸뿐만 아니라 로마 시가지 전체의 초점을 이루고 있는 것은 베드로 대성당의 거대한 쿠폴라(돔)이다. 로마의 하늘을 지배하는 듯한 이 우아한 쿠폴라는 원래 미켈란젤로가 설계했던 것인데, 그 규모는 상상을 초월한다. 미켈란젤로가 베드로 대성당 건축에 관여하게 된 것은 1547년, 그러니까 그가 72세의 노인이었을 때다. 당시 그는 바티칸 궁전 내에 있는 카펠라 시스티나의 벽화 〈최후의 심판〉을 완성하고 나서 로마에서 조용히 살고 있었는데 혈기 왕성한 노인 교황 파울루스 4세가 그를 불러들였다. 미켈란젤로는 처음에 자신은 조각가이지 건축가가 아니라고 완강히 사양했다가 자의 반 타의 반으로 결국 이 일에 손을 대게 되었다.

미켈란젤로는 전임자 브라만테가 해놓은 계획안을 대폭 수정하고 간소화했다. 그는 특히 브라만테가 판테온을 보고 착상한 쿠폴라를 완전히 바꾸어 새로이 우아하고 거대한 쿠폴라를 디자인했다. 그러나 1564년, 자신이 설계한 쿠폴라의 완성을 보지도 못한 채 세상을 떠나고 말았다. 쿠폴라가 그 밑둥의 모습을 드러내기 시작했을 무렵이었다. 그 후 쿠폴라는 델라 포르타G. Della Porta(1533~1602)와 그의 보좌 건축가 폰타나D. Fontana (1543~1607)에 의하여 약간 변경되어 1590년에 가서야 지금과 같은 모습을 드러냈다. 변경된 쿠폴라는 미켈란젤로가 의도했던 것보다 조금 더 뾰족하고 7미터 가량 더 높다. 사실 공을 반으로 잘라 놓은 듯한 완전한 반구형 쿠폴라보다 꼭대기가 위로 솟은 쿠폴라가 구조적으로 훨씬 더 안전할 뿐 아니라 높은 만큼 더 잘 보인다는 장점이 있다. 이 쿠폴라의 지름은 42.3미터로 판테온 쿠폴라의 지름보다 약간 작다. 또 바닥에서 쿠폴라 정상의 십자가까지 높이는 136.5미터나 된다.

그런데 이 유명한 쿠폴라는 정작 베드로 대성당 앞에서는 잘 보이지 않는다. 미켈란젤로는 이 쿠폴라를 베드로의 묘소 위에 씌워진 거대한 왕관처럼 디자인하여 어디에서나 잘 보이도록 했는데 어찌 된 노릇인지 대성당 정면과 거대한 타원형 광장 사이에 있는 사다리꼴 광장 양쪽에 세워진 베드로와 바울의 석상이 있는 곳까지 떨어져서 보아도 보이지 않는다. 대체 설계를 어떻게 했길래 쿠폴라가 대성당 앞에서는 잘 보이지 않는단 말인가? 당시 쿠폴라가 잘 보이지 않는다는 이유로 베드로 대성당의 확장 설계를 맡았던 건축가 마데르노에게 욕이 바가지로 쏟아졌다. 마데르노는 당시 많은 경쟁자들 중에서 선발된 인재였다. 하지만 쿠폴라가 대성당 정면에 가려지는 문제에 대해서는 그도 어쩔 수 없었다. 왜냐면 1605년 교황 파울루스 5세가 반종교개혁운동에 걸맞게 쿠폴라가 보이든 말든 대성당에 더 많은 신도들이 들어올 수 있도록 성당의 내부 공간을 무조건 확장하라고 명했기 때문이었다. 이미 100년 전부터 브라만테, 쥴리아노 다 상갈로, 라파엘로, 페룻찌, 안토니오 상갈로, 미켈란젤로, 델라 포르타 등 쟁

▲◀ 거대하고 우아한 베드로 대성당의 쿠폴라. 그 규모는 그 위에 올라선 사람들의 크기와 비교해 보면 금방 알 수 있다.

▼◀ 바울의 석상. 바울은 베드로와 함께 기독교 전파의 양대 기둥을 이루는 사도였다. 뒤에 보이는 대성당 정면 가운데에는 베르니니가 설계한 강복의 발코니가 보이고 정면 위에는 예수 그리스도를 중심으로 제자들의 석상이 세워져 있다.

▼▶ 베드로의 석상. 예수 그리스도의 복음을 전파하러 로마 제국의 수도 로마에 왔다가 이 지역에서 순교한 것으로 전해진다.

쟁한 건축가들의 손을 거쳐온 베드로 대성당의 공사를 물려받은 그는 미켈란젤로의 의도를 최대한 존중하면서 미켈란젤로가 설계한 그리스 십자형 평면을 새로운 용도에 맞게 세로축이 가로축보다 더 긴 라틴 십자형 평면으로 변경했다. 그 결과, 성당의 내부 공간은 훨씬 더 길어지고 깊어져서 자그마치 6만 명을 수용할 수 있게 되었으나 그만 대성당 정면에 쿠폴라가 가려지고 말았던 것이다. 그리하여 멀찌감치 떨어져서 보지 않으면 쿠폴라의 모습을 감상할 수 없다.

구舊 베드로 대성당

베드로 대성당이 오늘날 우리가 보는 웅대한 모습을 드러낸 것은 공사가 시작된 지 120년이 지난 다음이었고 대성당의 축성식이 올려진 것은 1626년 11월 18일이었다. 그런데 다른 해도 아니고 왜 하필 1626년이며 축성식 날짜도 11월 18일이었을까? 120년 이전 즉 1506년에는 이곳이 그냥 허허벌판이었을까? 사실 이곳에는 예전부터 아주 오래된 대성당이 있었다. 이 성당의 이름도 베드로 대성당이었는데 그 형태는 현재 로마 중심에서 남서쪽으로 떨어져 있는 바울 대성당Basilica di San Paolo과 상당히 비슷했다. 그러니까 지금 우리가 보는 대성당과는 모양이 완전히 달랐던 것이다. 당시 이 구舊 베드로 대성당은 낡아도 너무 낡아 있었기 때문에 보수하여 다시 쓰는 것보다 아예 모조리 헐어내고 새롭게 짓는 편이 훨씬 나았던 모양이다.

그러면 도대체 얼마나 오래되었길래 그랬을까? 100년? 200년? 그 정도였으면 그냥 보수해서 쓸 수도 있었겠지만 이 성당은 1000년도 훨씬 넘은 상태였다. 그렇다면 이 성당이 처음 세워졌던 것은 로마 제국 후반이라는 뜻이다. 성당을 세운 인물은 다름 아닌 기독교를 공인한 콘스탄티누스 황제였다. 서기 90년경, 베드로가 묻힌 곳으로 여겨진 곳에 조그만 예배당이 세워져 있었는데 바로 그 자리에 서기 319년 베드로를 기념하는 커다란 성전이 착공되었던 것이다. 콘스탄티누스는 황제의 권위를 상징하는 자색 망토를 벗고 그리스도의 열 두 제자를 상징하는 열 두 자루의 흙을 직접 손으로 날라 공사를 시작했다고 전해진다. 구舊 베드로 대성당의 공사는 319년에 시작되어 거의 350년까지 진행되었으며 헌당식은 공사기간 중인 326년 11월 18일에 있었다. 그러니까 1626년의 신新 베드로 대성당 헌당식은 콘스탄티누스가 세웠던 구舊 베드로 대성당의 헌당식 1300주년 기념일에 꼭 맞춘 것이었다. 물론 이때 르네상스 시대를 장식했던 거장들은 이미 모두 세상을 떠난 후였다.

천재 건축가 베르니니의 의도

마데르노가 사망한 후 베드로 대성당의 마지막 손질을 맡은 사람은 천재 조각가이자 건축가였던 베르니니였다. 베르니니는 미켈란젤로의 설계와 마데르노의 설계를 조화롭게 공존시킬 내부 설계와 내부 장식을 하는 데 천재적인 능력을 발휘하였으며 마데르노가 설계했던 성당의 정면을 수정하여 한 가운데에 강복의 발코니를 만들어 광장에 모인 신도들이 교황을 바라볼 수 있도록 했다.

베르니니의 손길은 여기서 끝난 것이 아니다. 그는 1656년부터 대성당 앞에 거대한 타원형 대광장을 설계하여 12년 후에 완공했다. 베르니니의 의도는 베드로 대성당이 마치 두 팔을 벌려 모든 인류를 포용하는 듯한 인상을 주도록 한 것이었다. 이 타원형 광장의 한 가운데에는 높이가 40미터가 넘는 거대한 해시계의 중심축과 같은 오벨리스크가 초점을 이루고 있고 오벨리스크 꼭대기에는 십자가가 올려져 있다. 한편 기단을 제외한 오벨리스크만의 높이는 25.5미터이다. 이 오벨리스크는 원래 칼리굴라 황제가 이집트에서 운반해와 기원후 37년에 자신의 경기장에 세워 둔 것이었는데 1586년에 약 250미터 동북쪽에 있는 현재의 자리로 옮겨졌던 것이다.

오벨리스크의 북쪽 분수(마데르노 제작)에서 본 베드로 대성당. 이곳에서는 쿠폴라가 어느 정도 보인다.

이 광장에는 베르니니의 섬세한 공간 연출을 엿볼 수 있는 부분이 아

베드로 대성당과 베르니니가 설계한 대광장에서 옥외 미사를 드리는 광경. 대성당은 두 팔을 벌려 모든 인류를 포옹하는 듯한 인상을 준다. 광장 한가운데의 오벨리스크는 칼리굴라 황제가 이집트에서 만들어와 기원후 37년에 자신의 경기장에 세웠던 것을 1586년 이곳으로 옮긴 것이다.

주 많다. 무엇보다도 오벨리스크와 분수가 있는 지점에서 쿠폴라의 상부가 잘 보인다는 점인데, 대성당의 정면으로부터 어느 정도 거리를 두고 광장을 만들었기 때문에 광장에 있는 사람들이 쿠폴라를 감지하게 되는 것이다. 또 토스카나 양식의 거대한 원기둥이 네 개씩 늘어서서 떠받치고 있는 '두 팔'은 베드로 대성당의 '앞마당'으로서 근엄하면서도 강한 인상을 주며 각 기둥 위에 늘어선 성인들은 베드로 대성당 정면 위에 세워진 예수 그리스도와 세례자 요한을 비롯한 제자들의 석상과 일체를 이루면서 광장과 대성당을 시각적으로 연결한다. 또 한 가지 재미있는 것이 있다. 오벨리스크를 중심으로 좌우에 있는 분수 근처 바닥에는 타원형 초점이 각각 표시되어 있는데 이곳에 올라서서 광장을 감싸고 있는 열주列柱를 둘러보면 4개의 기둥들이 겹쳐져 하나로 보인다. 베르니니는 거대하고 근엄한 공간 안에서 재미와 감흥 또한 느낄 수 있도록 이토록 사소한 부분까지 주의를 기울여 디자인했던 것이다.

뿐만 아니라, 베르니니는 광장을 둘러싼 도시맥락까지 세심하게 고려하여 광장을 디자인하였다. 그러나 이 같은 베르니니의 의도는 20세기에 이르러 모욕을 당하게 된다. 무솔리니가 1929년의 라테라노 조약 체결을 기념하여 중세의 건물들을 모두 허물고 만 것이다. 어둡고 좁은 골목길 끝에서 갑자기 밝고 넓은 공간을 맞닥뜨려 놀라움과 감흥을 주려던 베르니니의 도시 디자인은 깡그리 무시되고 말았다. 바티칸을 독립국가로 인정하는 라테라노 조약을 맺은 후 무솔리니는 대광장과 거룩한 천사의 성까지 연결되는 비아 델라 콘칠리아찌오네Via della Conciliazione(화합의 길)을 뚫어 바티칸과 로마의 중심부를 연결하고자 했다. 하지만 만약 베르니니가 이 도로를 본다면 화합이고 뭐고 간에 무솔리니에게 욕부터 퍼부을 것 같다.

분수 옆에 있는 타원형 중심에 서면 광장을 둘러싼 네 겹의 기둥들이 겹쳐져 한 줄의 기둥처럼 보인다. 건축가 베르니니의 재치를 느낄 수 있는 부분이다.

압도하는 내부 공간

대광장을 거쳐 캄피돌리오 광장과 같이 사다리꼴 모양을 한 또 하나의 광장을 지나 베드로 대성당에 들어가 보자. 마치 걸리버 여행기에 등장하는 거인국에 온듯, 인간의 상상을 넘어선 성당의 규모에 먼저 압도되고 구석구석 위대한 예술가들의 손길에 경탄을 금할 수 없다. 오른쪽에는 미켈란젤로가 26살 때 제작한 조각 〈피에타〉가 보인다. 십자가에서 내려진 예수 그리스도를 무릎에 앉히고 슬픔을 내면적으로 승화하고 있는 성모 마리아의 청순한 얼굴이 깊은 감동을 준다. 또 예수 그리스도의 얼굴은 죽어 있는 것이 아니라 마치 잠들어 있는 것처럼 보인다.

미켈란젤로가 26세 때 제작한 조각 작품 〈피에타〉. 십자가에서 내려진 예수 그리스도를 무릎에 앉히고 슬픔을 내면적으로 승화하고 있는 성모 마리아의 청순한 얼굴이 깊은 감동을 준다.

12세기의 대조각가 아르놀포 디 캄비오Arnolfo di Cambio가 제작한 것으로 믿어지는 베드로의 청동좌상을 보면 베드로의 한쪽 발이 반들반들하게 닳아 있다. 이는 수백 년 동안 이곳을 찾은 순례자들이 숙연한 자세로 신앙의 의미를 생각하며 베드로의

◀ 베드로 대성당의 내부

▲ 중세의 대예술가 아르놀포 디 캄비오의 작품으로 여겨지는 베드로의 좌상. 순례자들은 베드로의 발을 만지며 신앙의 의미를 생각한다.

▶ 베드로의 묘소 위의 제단과 거대한 발다키노의 밑부분. 그 뒤로 십자가를 들고 있는 콘스탄티누스 황제의 어머니 성녀 헬레나의 조각상이 보인다.

발을 만졌기 때문이다.

　　베드로 대성당의 내부 공간의 구심점을 이루는 발다키노baldachino는 웅대하고 섬세하며 힘찬 청동 조각이다. 베르니니가 세운 나선형 기둥들은 마치 하늘로 오르는 영혼을 연상하게 한다. 사실 발다키노는 판테온에서 뜯어온 청동으로 만든 것이다.

▲ 베르니니가 제작한 베드로의 교황좌. 창문에는 12제자를 상징하듯 12방향으로 창살이 나 있고 그 주위에는 수많은 천사들과 구름 덩어리 사이를 뚫고 모든 방향으로 퍼져나가는 빛을 표현한 조각이 장식되어 있다.

▶ 베르니니가 만년에 제작한 교황 알렉산데르 7세의 묘소

    쿠폴라를 떠받치고 있는 네 개의 벽기둥에는 네 명의 성인들을 기리는 커다란 조각상들이 발다키노를 향하고 있다. 창을 들고 있는 성 론기누스는 십자가에 매달린 예수 그리스도의 옆구리를 찌른 로마 병사였지만 나중에는 기독교 신자가 되었다고 전한다. 십자가를 들고 있는 콘스탄티누스 황제의 어머니 성녀 헬레나는 예루살렘에서 예수 그리스도의 십자가

거대한 쿠폴라의 창틈으로 들어오는 햇빛 한 줄기가 마치 성령의 빛처럼 느껴진다. 쿠폴라의 아랫부분에는 마태복음 16장 18~19절이 라틴어로 적혀 있다.

의 조각을 찾아 로마에 갖고 왔다고 한다. 천을 들고 있는 성녀 베로니카는 십자가를 메고 가는 예수 그리스도의 얼굴을 천으로 닦아준 여인이다. 천에는 예수 그리스도의 얼굴이 얼굴상이 새겨졌다고 한다. 성 안드레아스는 베드로의 동생으로 그리스에서 선교를 하다가 X자형 십자가에 매달려 최후를 맞았다는 순교자이다.

대성당 가장 안쪽의 서쪽 면에는 베드로가 로마에서 신자들에게 설교를 할 때 앉은 의자가 보존되어 있는 베드로 교황좌가 성령을 상징하는 비둘기가 그려진 창문 아래 놓여 있다. 창문에는 열두 제자를 상징하듯 열두 방향으로 창살이 나 있고 그 주위에는 수많은 천사들과 구름 사이를 뚫고 모든 방향으로 퍼져나가는 빛을 표현한 조각이 장식되어 있다. 이는 모두 베르니니가 연출한 예술 작품이다.

베르니니의 섬세하고 노련한 손길은 여러 가지 대리석을 사용하여 제작한 교황 알렉산데르(알렛산드로) 7세 기념상에서 더욱 돋보인다. 베르니니는 교황 알렉산데르 7세 때 대광장을 완성했으니 두 사람은 매우 각별한 사이였다. 이 기념상은 베르니니가 80세가 되던 해에 완성한 것이다.

거대한 쿠폴라의 창틈으로 마치 어둠을 밝히는 성령의 빛과 같은 햇살이 들어온다. 헤아릴 수 없이 많은 예술 작품들은 햇빛의 세기와 방향에 따라 그 모습과 인상을 바꾸며 새로운 감흥을 던져주고 있다.

쿠폴라에서 내려다 본 로마

로마에 여행 왔으면 힘이 좀 들더라도 500여 년 전 세워진 쿠폴라

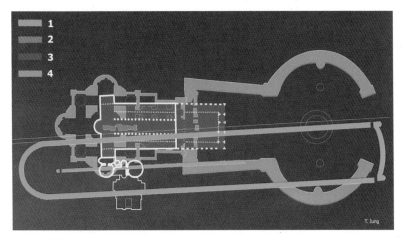

베드로 대성당 비교 평면도

1. 칼리굴라(또는 네로)의 경기장
2. 베드로가 묻혀있던 공동묘지
3. 콘스탄티누스 황제가 세운 베드로 대성당
4. 현재의 베드로 대성당

에 한번쯤 오르는 것도 의미 있을 것이다. 물론 몸이 피곤할 때는 쿠폴라에 오르는 일이 그리 쉽지만은 않다. 사람이 워낙 많기 때문에 먼저 줄을 서고 한참 기다린 다음 표를 사고 나서 엘리베이터를 타고 베드로 대성당 지붕까지 올라갔다가 그곳에서 쿠폴라를 지탱하고 있는 구조체 틈 사이에 설치된 좁은 계단을 따라 등산하듯 걸어서 올라야 하기 때문이다. 그런데 계단이 한두 개가 아니다. 세어도 세어도 끝이 없는 것 같다. 또 이 계단은 한 사람이 지나가기에도 힘들 정도로 폭이 좁다. 정상까지 오를 때는 중간 중간 좀 쉬지 않으면 제 아무리 혈기 왕성한 사람이라도 숨이 찰 것이다. 이 좁고 가파른 계단은 마치 천국으로 오르는 길처럼 험하고 고통스럽게

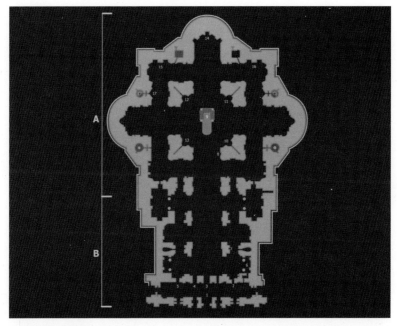

베드로 대성당 평면도

(A: 미켈란젤로가 계획한 부분 B: 마데르노가 확장한 부분)

1. 입구 전실
2. 거룩한 문 (Porta Santa: 25년마다 돌아오는 '거룩한 해'에만 열린다)
3. 중앙문 (옛 베드로 대성당의 중앙문을 그대로 옮겨 놓은 것이다.)
4. 선악의 문 (20세기 조각가 민굿찌의 작품)
5. 죽음의 문 (20세기 조각가 만쭈의 작품)
6. 미켈란젤로의 피에타
7. 스웨덴 크리스티나 여왕의 묘소
8. 베드로의 좌상 (아르놀포 디 캄비오의 작품으로 여겨진다)
9. 베드로의 묘소 및 베르니니의 발다키노
10. 성 론기누스 (창으로 십자가에 매달린 예수 그리스도의 옆구리를 찌른 로마병사였지만 나중에는 기독교 신자가 되었다고 전한다)
11. 성녀 헬레나 (콘스탄티누스 황제의 어머니로 예루살렘에서 예수 그리스도의 십자가의 조각을 찾아 로마에 갖고 왔다고 한다)
12. 성녀 베로니카 (십자가를 메고 가는 예수 그리스도의 얼굴을 천으로 닦아준 여인인데 천에는 예수 그리스도의 얼굴이 얼굴상이 새겨졌다고 한다)
13. 성 안드레아 (베드로의 동생으로 그리스에서 선교하다가 X자형 십자가에 매달려 순교했다고 한다)
14. 베르니니 작품의 베드로 교황좌 (베드로가 로마에서 신자들에게 설교할 때 앉은 의자가 보존되어 있다)
15. 교황 레오1세 제단
16. 성녀 페트로닐라 제단
17. 베르니니의 작품 교황 알레산데르(알렛산드로) 7세 기념상

베드로 대성당의 쿠폴라의 정상에서 내려다본 로마의 전경

느껴진다. 십자가를 메고 골고다 언덕으로 오르던 예수 그리스도의 수난을 이곳에서 한번쯤 생각해 보라는 뜻일까? 하지만 쿠폴라의 정상에 이르면 여태까지 겪었던 고통과 고난의 기억들이 모두 한순간에 지나가 버린다. 전혀 다른 세계가 펼쳐지기 때문이다. 그것을 환희의 세계라고 불러도 좋을 것 같다.

로마에서 가장 높은 곳에 올라 로마 시가지의 모습을 내려다본다. 3000년이라는 시간이 퇴적된 모습이 한눈에 들어오는 것 같다. 마치 장구한 역사를 정복한 기분도 든다. 그러고 보면 미켈란젤로가 혹시 일부러 그렇게 공간을 연출하지 않았을까 하는 생각도 든다. 로마의 중심지는 장구한 역사를 간직한 언덕들과 또 언덕 위와 언덕 사이로 뻗은 길들과 언덕으로 오르내리는 계단들로 계획되어 있고 가파른 비탈길이나 사람이 지나기에 지나치게 좁은 골목은 전혀 찾아볼 수 없다. 그리고 로마의 언덕에는 성당, 탑, 궁전, 분수, 정원, 광장들이 마치 잘 짜여진 수예품처럼 교묘하게 들어서 있다.

로마 시가지에는 우리나라 도시에서 흔하게 볼 수 있는 번드르르한 고층 건물이라고는 하나도 안 보인다. 그러고 보면 로마는 지구상에서 아직도 살아 움직이는 가장 오래된 도시이며 또한 지구상의 대도시 중에서 가장 느리게 변화하는 도시이다. 그래서 이곳에서는 미래라는 시간이 뿌리 내리기 힘든 것처럼 보인다. 그렇다고 해서 지루함이 느껴지지도 않는데, 과거가 항상 새로운 모습으로 나타나기 때문일까?

로마의 언덕 사이사이에는 푸른 소나무 숲이 펼쳐져있다. 이 푸른 소나무 숲들은 불그스레한 색으로 통일된 로마의 색조를 긴장시켜 생명력을 불어넣는다. 마치 영원의 도시 로마를 찬양하는 것 같다. 테베레 강 건너편에는 로마를 세계의 수도로 만들었던 일곱 개의 언덕들 즉 팔라티노, 캄피돌리오, 첼리오, 아벤티노, 퀴리날레, 비미날레, 에스퀼리노 언덕이 오손도손 모여 있다. 그런데 로마는 실은 일곱 개의 언덕만으로 이루어진 것은 아니다. 로마의 중심지를 이루고 있는 언덕은 적어도 열다섯 개는 된다. 그중에서 팔라티노 언덕과 캄피돌리오 언덕에서 로마 역사가 시작되었다면 베드로 대성당이 세워진 바티칸 언덕은 로마 역사의 새로운 장을 연 언덕이라 할 수 있다. 멀리 유데아의 갈릴레아 호수에서 그물을 던지며 살아가다가 땅 끝까지 복음을 전파하라는 예수 그리스도의 명을 받고 로마까지 건너온 베드로. 그를 기념하는 이 대성당을 중심으로 기독교 시대 역사는 본격적으로 시작되었다. 기독교는 로마 제국 전역에 그물처럼 엮인 도로망을 통하여 전 유럽에 퍼지게 되었고 결국에는 전 세계에 전파되기에 이르렀다. 이런 관점에서 본다면 캄피돌리오 언덕의 위상이 역사의 뒷전으로 밀려난 후 새롭게 떠오른 '카푸트 문디caput mundi' 즉 세계의 머리는 바로 이 바티칸 언덕이었던 셈이다.

▶ 바티칸 언덕에 세워진 베드로 성당의 거대한 쿠폴라의 실루엣, 캄피돌리오 언덕의 위상이 역사의 뒷전으로 밀려난 다음 새로운 '카푸트 문디(caput mundi: 세계의 머리)'로 떠오른 것은 바로 이 바티칸 언덕이었다.

매력과 마력의 도시
로마 산책

초판 1쇄 발행일 2008년 07월 07일
초판 5쇄 발행일 2015년 01월 20일

지은이   정태남
펴낸이   이상만
펴낸곳   마로니에북스
등 록   2003년 4월 14일 제 2003-71호
주 소   (413-756) 경기도 파주시 문발로 165
전 화   02-741-9191(대)
편집부   02-744-9191
팩 스   02-3673-0260
홈페이지   www.maroniebooks.com

* 책값은 뒤표지에 있습니다.

ISBN 978-89-6053-160-4